Heidegger | Was heißt Denken?

[Was bedeutet das alles?]

Martin Heidegger

Was heißt Denken?

Vorlesung Wintersemester 1951/52

Mit einem Nachwort von Mark Michalski

Reclam

2., durchgesehene Auflage

RECLAMS UNIVERSAL-BIBLIOTHEK Nr. 14491
2015, 2023, 2025 Philipp Reclam jun. Verlag GmbH,
Siemensstraße 32, 71254 Ditzingen
info@reclam.de

Martin Heidegger: Was heißt Denken?

Gestaltung: Cornelia Feyll, Friedrich Forssman
Druck und Bindung: Elanders Waiblingen GmbH,
Anton-Schmidt-Straße 15, 71332 Waiblingen
Printed in Germany 2025
RECLAM, UNIVERSAL-BIBLIOTHEK und
RECLAMS UNIVERSAL-BIBLIOTHEK sind eingetragene Marken
der Philipp Reclam jun. GmbH & Co. KG, Stuttgart
ISBN 978-3-15-014491-6
reclam.de

I

In das, was Denken heißt, gelangen wir, wenn wir selber denken. Damit ein solcher Versuch glückt, müssen wir bereit sein, das Denken zu lernen.

Sobald wir uns auf dieses Lernen einlassen, haben wir auch schon zugestanden, daß wir das Denken noch nicht vermögen.

Aber der Mensch heißt doch der, der denken kann – und das mit Recht. Denn er ist das vernünftige Lebewesen. Die Vernunft, die ratio, entfaltet sich im Denken. Als das vernünftige Lebewesen muß der Mensch denken können, wenn er nur will. Indes will der Mensch vielleicht denken und kann es doch nicht. Am Ende will er bei diesem Denkenwollen zu viel und kann deshalb zu wenig. Der Mensch kann denken, insofern er die Möglichkeit dazu hat. Allein dieses Mögliche verbürgt uns noch nicht, daß wir es vermögen. Denn wir vermögen nur das, was wir mögen. Aber wir mögen wiederum wahrhaft nur Jenes, was seinerseits uns selber und zwar uns in unserem Wesen mag, indem es sich unserem Wesen als das zuspricht, was uns im Wesen hält. Halten heißt eigentlich hüten, auf dem Weideland weiden lassen. Was uns in unserem Wesen hält, hält uns jedoch nur so lange, als wir selber von uns her das Haltende be-halten. Wir behalten es, wenn wir es nicht aus dem Gedächtnis lassen. Das Gedächtnis ist die Versammlung des Denkens. Worauf? Auf das, was uns hält, insofern es bei uns bedacht ist, bedacht nämlich deshalb, weil Es das zu-Bedenkende bleibt. Das Bedachte ist das mit einem Andenken Beschenkte, beschenkt, weil wir es mögen. Nur wenn wir das mögen, was in sich das zu-Bedenkende ist, vermögen wir das Denken.

Um das Denken zu vermögen, müssen wir es lernen. Was ist Lernen? Der Mensch lernt, insofern er sein Tun und Lassen zu dem in die Entsprechung bringt, was ihm jeweils an Wesenhaftem zugesprochen wird. Das Denken lernen wir, indem wir auf das achten, was es zu bedenken gibt.

Unsere Sprache nennt z.B. das, was zum Wesen des Freundes gehört, das Freundliche. Dementsprechend nennen wir jetzt das, was in sich das zu-Bedenkende ist: das Bedenkliche. Alles Bedenkliche *gibt* zu denken. Aber es gibt diese Gabe immer nur insoweit, als das Bedenkliche von sich her schon das zu-Bedenkende *ist*. Wir nennen jetzt und in der Folge dasjenige, was stets, weil einsther und allem voraus, zu bedenken bleibt: das Bedenklichste. Was ist das Bedenklichste? Wie zeigt es sich in unserer bedenklichen Zeit?

Das Bedenklichste ist, daß wir noch nicht denken; immer noch nicht, obgleich der Weltzustand fortgesetzt bedenklicher wird. Dieser Vorgang scheint freilich eher zu fordern, daß der Mensch handelt und zwar ohne Verzug, statt in Konferenzen und auf Kongressen zu reden und sich im bloßen Vorstellen dessen zu bewegen, was sein sollte und wie es gemacht werden müßte. Somit fehlt es am Handeln und keineswegs am Denken.

Und dennoch – vielleicht hat der bisherige Mensch seit Jahrhunderten bereits zu viel gehandelt und zu wenig gedacht. Aber wie kann heute jemand behaupten, daß wir noch nicht denken, wo doch überall das Interesse für die Philosophie rege ist und immer lauter wird, wo beinahe jedermann wissen will, was es denn mit der Philosophie auf sich hat. Die Philosophen sind »die« Denker. So heißen sie, weil sich das Denken eigentlich in der Philosophie abspielt.

Niemand wird bestreiten wollen, daß heute ein Interesse für die Philosophie besteht. Doch gibt es heute noch etwas, wofür der Mensch sich nicht interessiert, in der Weise nämlich, wie er das »Interessieren« versteht?

Inter-esse heißt: unter und zwischen den Sachen sein, mitten in einer Sache stehen und bei ihr bleiben. Allein für das heutige Interesse gilt nur das Interessante. Das ist solches, was erlaubt, im nächsten Augenblick schon gleichgültig zu sein und durch anderes abgelöst zu werden, was einen dann ebensowenig angeht wie das vorige. Man meint heute oft, etwas dadurch besonders zu würdigen, daß man es interessant findet. In Wahrheit hat man durch dieses Urteil das Interessante bereits in das Gleichgültige und alsbald Langweilige abgeschoben.

Daß man für die Philosophie ein Interesse zeigt, bezeugt noch keine Bereitschaft zum Denken. Gewiß gibt es allenthalben eine ernsthafte Beschäftigung mit der Philosophie und ihren Fragen. Es gibt einen rühmenswerten Aufwand von Gelehrsamkeit zur Erforschung ihrer Geschichte. Hier bestehen nützliche und löbliche Aufgaben, zu deren Erfüllung nur die besten Kräfte gut genug sind, zumal dann, wenn sie uns Vorbilder großen Denkens vor Augen führen. Aber selbst die Tatsache, daß wir uns Jahre hindurch mit den Abhandlungen und Schriften der großen Denker eindringlich abgeben, leistet noch nicht die Gewähr, daß wir selber denken oder auch nur bereit sind, das Denken zu lernen. Im Gegenteil: die Beschäftigung mit der Philosophie kann uns sogar am hartnäckigsten den Anschein vorgaukeln, daß wir denken, weil wir doch unablässig »philosophieren«.

Gleichwohl bleibt es befremdlich und erscheint als anmaßend zu behaupten, das Bedenklichste in unserer bedenklichen Zeit sei, daß wir noch nicht denken. Darum müssen wir diese Behauptung beweisen. Noch ratsamer ist indessen, die Behauptung erst einmal zu erläutern. Es könnte nämlich der Fall eintreten, daß die Forderung nach einem Beweis hinfällig wird, sobald eine genügende Helle in das kommt, was die Behauptung sagt. Sie lautet:

Das Bedenklichste in unserer bedenklichen Zeit ist, daß wir noch nicht denken.

Wie der Name »das Bedenkliche« zu verstehen sei, wurde bereits angedeutet. Es ist das, was uns zu denken gibt. Beachten wir es wohl und lassen wir jetzt schon jedem Wort sein Gewicht. Es gibt solches, was selber, von sich her, gleichsam von seinem Haus aus, uns zu denken gibt. Es gibt solches, das uns daraufhin anspricht, daß wir auf es bedacht sind, daß wir, denkend, ihm uns zuwenden: es denken.

Das Bedenkliche, das, was uns zu denken gibt, ist demnach keineswegs durch uns festgesetzt, nicht durch uns erst aufgestellt, nicht durch uns nur vor-gestellt. Was am meisten von sich aus zu denken gibt, das Bedenklichste, ist nach der Behauptung dies: daß wir noch nicht denken.

Dies sagt jetzt: wir sind noch nicht vor das und noch nicht in den Bereich dessen gelangt, was von sich her in einem wesentlichen Sinne bedacht sein möchte. Dies wird vermutlich daran liegen, daß wir Menschen uns dem, was bedacht sein möchte, noch nicht hinreichend zu-wenden. Dann wäre dies, daß wir noch nicht denken, lediglich eine Säumnis, eine Verzögerung im Denken oder, wenn es hoch kommt, ein Versäumnis von seiten des Menschen.

Daher könnte einer solchen menschlichen Saumseligkeit auf menschliche Weise durch geeignete Maßnahmen abgeholfen werden. Das menschliche Versäumnis gäbe zwar zu denken, aber doch nur vorübergehend. Daß wir noch nicht denken, wäre zwar bedenklich, dürfte jedoch als dieser augenblickliche und behebbare Zustand des heutigen Menschen niemals das Bedenklichste schlechthin genannt werden. Wir nennen es aber so und deuten hierdurch folgendes an: daß wir noch nicht denken, liegt keineswegs nur daran, daß der Mensch sich noch nicht genügend dem zuwendet, was von Haus aus bedacht sein möchte, weil es in seinem Wesen das zu-Denkende bleibt. Daß wir noch nicht denken, kommt vielmehr daher, daß dieses zu-Denkende selbst sich vom Menschen abwendet, langher schon abgewendet hat.

Sogleich werden wir wissen wollen, wann dies geschah. Wir werden vordem schon und noch begieriger fragen, wie wir denn überhaupt von einem solchen Ereignis wissen können. Die auf der Lauer liegenden Fragen solcher Art überstürzen sich vollends, wenn wir dazu noch dieses sagen: Das, was uns eigentlich zu denken gibt, hat sich nicht irgendwann zu einer historisch datierbaren Zeit vom Menschen abgewendet, sondern: das eigentlich zu-Denkende hält sich von einsther in solcher Abwendung.

Andererseits hat der Mensch unserer Geschichte immer in irgendeiner Weise gedacht; er hat sogar Tiefstes gedacht und dem Gedächtnis anvertraut. Als der so Denkende blieb er und bleibt er auf das zu-Denkende bezogen. Gleichwohl vermag der Mensch nicht eigentlich zu denken, solange sich das zu-Denkende entzieht.

Wenn wir nun, so wie wir jetzt hier sind, uns nichts vorreden lassen, müssen wir das bisher Gesagte als eine einzige Kette leerer Behauptungen zurückweisen und außerdem erklären, daß das Vorgebrachte mit Wissenschaft nichts zu tun hat.

Es wird gut sein, wenn wir möglichst lange in solcher Abwehrhaltung zu dem Gesagten ausharren; denn so allein halten wir uns in dem nötigen Abstand für einen Anlauf, aus dem her vielleicht dem einen oder anderen der Sprung in das Denken gelingt. Es ist nämlich wahr, daß das bisher Gesagte und die ganze folgende Erörterung mit Wissenschaft nichts zu tun hat, gerade dann, wenn die Erörterung ein Denken sein dürfte. Der Grund dieses Sachverhaltes liegt darin, daß die Wissenschaft ihrerseits nicht denkt und nicht denken kann und zwar zu ihrem Glück und das heißt hier zur Sicherung ihres eigenen festgelegten Ganges. Die Wissenschaft denkt nicht. Das ist ein anstößiger Satz. Lassen wir dem Satz seinen anstößigen Charakter auch dann, wenn wir sogleich den Nachsatz anfügen, daß die Wissenschaft es gleichwohl stets und auf ihre besondere Weise mit dem Denken zu tun hat. Diese Weise ist allerdings nur dann eine echte und in der Folge eine fruchtbare, wenn die Kluft sichtbar geworden ist, die zwischen dem Denken und den Wissenschaften besteht, und zwar besteht als eine unüberbrückbare. Es gibt hier keine Brücke, sondern nur den Sprung. Darum sind vollends alle Notbrücken und Eselsbrücken, die zwischen dem Denken und den Wissenschaften gerade heute einen bequemen Marktbetrieb einrichten wollen, vom Übel. Darum müssen wir jetzt, insofern wir aus den Wissenschaften herkommen, das Anstößige und Befremdliche des Denkens aushalten – gesetzt, daß wir bereit sind, das Denken zu lernen. Lernen heißt: unser Tun und Lassen zu dem in die Entsprechung bringen, was sich jeweils an Wesenhaftem uns zuspricht. Damit wir solches Bringen vermögen, müssen wir uns auf den Weg machen. Wenn wir das Denken lernen, dürfen wir vor allem auf dem Weg, den wir dabei einschlagen, uns nicht voreilig über die bedrängenden Fragen hinwegtäuschen, sondern müssen uns auf Fragen einlassen, die Jenes suchen, was sich durch kein Erfinden finden läßt. Wir Heutigen zumal können nur lernen, wenn wir dabei immer zugleich verlernen; für den uns angehenden Fall gesprochen: wir können das Denken nur lernen, wenn wir sein bisheriges Wesen von Grund aus verlernen. Aber dazu ist nötig, daß wir es zugleich kennen lernen.

Wir sagten: der Mensch denkt noch nicht und zwar deshalb nicht, weil das zu-Denkende sich von ihm abwendet; er denkt keineswegs nur darum nicht, weil der Mensch sich dem zu-Denkenden nicht hinreichend zuwendet.

Das zu-Denkende wendet sich vom Menschen ab. Es entzieht sich ihm. Doch wie können wir von Solchem, das sich einsther entzieht, überhaupt das Geringste wissen oder es auch nur nennen? Was sich entzieht, versagt die Ankunft. Allein – das Sichentziehen ist nicht nichts. Entzug ist Ereignis. Was sich entzieht, kann sogar den Menschen wesentlicher angehen und in den Anspruch nehmen als alles Anwesende, das ihn trifft und betrifft. Die Betroffenheit durch das Wirkliche hält man gern für das, was die Wirklichkeit des Wirklichen ausmacht. Aber die Betroffenheit durch das Wirkliche kann den Menschen gerade gegen das absperren, was ihn angeht, angeht in der gewiß rätselhaften Weise, daß es ihm entgeht, indem es sich ihm entzieht. Das Ereignis des Entzugs könnte das Gegenwärtigste in allem jetzt Gegenwärtigen sein und so die Aktualität alles Aktuellen unendlich übertreffen.

Was sich uns entzieht, zieht uns dabei gerade mit, ob wir es sogleich und überhaupt merken oder nicht. Wenn wir in den Zug des Entziehens gelangen, sind wir – nur ganz anders als die Zugvögel – auf dem Zug zu dem, was uns anzieht, indem es sich entzieht. Sind wir als die so Angezogenen auf dem Zuge zu dem uns Ziehenden, dann ist unser Wesen schon durch dieses »auf dem Zuge zu …« geprägt. Auf dem Zuge zu dem Sichentziehenden weisen wir selber auf dieses Sichentziehende. Wir sind wir, indem wir dahin weisen; nicht nachträglich und nicht nebenbei, sondern: dieses »auf dem Zuge zu …« ist in sich ein wesenhaftes und darum ständiges Weisen auf das Sichentziehende. »Auf dem Zuge zu …« sagt schon: zeigend auf das Sichentziehende.

Insofern der Mensch auf diesem Zug *ist*, *zeigt* er als der so Ziehende in das, was sich entzieht. *Als* der dahin Zeigende *ist* der Mensch der Zeigende. Der Mensch ist hierbei jedoch nicht zunächst Mensch und dann noch außerdem und gelegentlich ein Zeigender, sondern: gezogen in das Sichentziehende, auf dem Zug in dieses und somit zeigend in den Entzug, *ist* der Mensch allererst Mensch. Sein Wesen beruht darin, ein solcher Zeigender zu sein. Was in sich, seinem Wesen nach, ein Zeigendes ist, nennen wir ein Zeichen. Auf dem Zug in das Sichentziehende ist der Mensch ein Zeichen. Weil dieses Zeichen jedoch in das Sich*ent*ziehende zeigt, deutet es nicht so sehr auf das, was sich da ent-zieht, als vielmehr in das Sichentziehen. Das Zeichen bleibt ohne Deutung.

Hölderlin sagt in einem Entwurf zu einer Hymne:

»Ein Zeichen sind wir, deutungslos«.

Der Dichter fährt mit den beiden Verszeilen fort:

»Schmerzlos sind wir und haben fast
Die Sprache in der Fremde verloren.«

Die Entwürfe zu der Hymne sind neben Titeln wie »Die Schlange«, »Das Zeichen«, »Die Nymphe« auch überschrieben mit »Mnemosyne«. Wir können das griechische Wort übersetzen durch: Gedächtnis. Unsere Sprache sagt: das Gedächtnis; sie sagt aber auch: die Erkenntnis, die Befugnis und wieder: das Begräbnis, das Geschehnis. Kant z.B. sagt in seinem Sprachgebrauch bald: die Erkenntnis, bald: das Erkenntnis. Wir dürfen daher ohne Gewaltsamkeit dem griechischen Femininum entsprechend Μνημοσύνη übersetzen: »die Gedächtnis«.

Hölderlin nennt nämlich das griechische Wort Μνημοσύνη als den Namen einer Titanide. Sie ist nach dem Mythos die Tochter von Himmel und Erde. Mythos heißt: das sagende Wort. Sagen ist für die Griechen: offenbar machen, erscheinen lassen, nämlich das Scheinen und das im Scheinen, in seiner Epiphanie, Wesende. Μῦθος ist das Wesende in seiner Sage: das Scheinende in der Unverborgenheit seines Anspruchs. Der μῦθος ist der alles Menschenwesen zuvor und von Grund aus angehende Anspruch, der an das Scheinende, an das Wesende denken läßt. Λόγος sagt das Selbe; μῦθος und λόγος treten keineswegs, wie die landläufige Philosophiehistorie meint, durch die Philosophie als solche in einen Gegensatz, sondern gerade die frühen Denker der Griechen (Parmenides, Frgm. 8) gebrauchen μῦθος und λόγος in derselben Bedeutung; μῦθος und λόγος treten erst dort aus- und gegeneinander, wo weder μῦθος noch λόγος ihr anfängliches Wesen behalten können. Dies ist bei Platon schon geschehen. Es ist ein auf dem Grunde des Platonismus vom neuzeitlichen Rationalismus übernommenes Vorurteil der Historie und der Philologie, zu meinen, der μῦθος sei durch den λόγος zerstört worden. Das Religiöse wird niemals durch die Logik zerstört, sondern immer nur dadurch, daß der Gott sich entzieht.

Mnemosyne, die Tochter von Himmel und Erde, wird als Braut des Zeus in neun Nächten die Mutter der Musen. Spiel und Musik, Tanz und Dichtung gehören dem Schoß der Mnemosyne, der Gedächtnis. Offenkundig meint dieses Wort anderes als nur die von der Psychologie feststellbare Fähigkeit, Vergangenes in der Vorstellung zu behalten. Gedächtnis denkt an das Gedachte. Aber als Name der Mutter der Musen meint »Gedächtnis« nicht ein beliebiges Denken von irgendwelchem Denkbaren. Gedächtnis ist die Versammlung des Denkens auf das, was überall im voraus schon bedacht sein möchte. Gedächtnis ist die Versammlung des Andenkens. Sie birgt bei sich und verbirgt in sich das, woran jeweils zuvor zu denken ist bei allem, was west und sich als Wesendes, Gewesendes zuspricht: Gedächtnis, die Mutter der Musen: das Andenken an das zu-Denkende ist der Quellgrund des Dichtens. Das Dichten ist darum das Gewässer, das bisweilen rückwärts fließt der Quelle zu, zum Denken als Andenken. Solange wir freilich meinen, darüber, was Denken sei, gäbe uns die Logik einen Aufschluß, solange werden wir nicht bedenken können, inwiefern alles Dichten im Andenken beruht. Alles Gedichtete entspringt aus der An-dacht des Andenkens.

Unter dem Titel Mnemosyne sagt Hölderlin:

»Ein Zeichen sind wir, deutungslos ...«

Wer wir? Wir, die heutigen Menschen; die Menschen eines Heute, das schon lange und noch lange währt, in einer Länge, für die keine Zeitrechnung der Historie je ein Maß aufbringt. In derselben Hymne Mnemosyne heißt es: »Lang ist / Die Zeit« – nämlich die, in der wir ein deutungsloses Zeichen sind. Gibt das nicht genug zu denken, daß wir ein Zeichen sind und zwar ein deutungsloses? Vielleicht gehört das, was der Dichter in diesen und in den folgenden Worten sagt, zu dem, woran sich uns das Bedenklichste zeigt, zu jenem Bedenklichsten, an das die Behauptung über unsere bedenkliche Zeit zu denken versucht. Vielleicht bringt diese Behauptung, wenn wir sie nur genügend erörtern, einiges Licht in das Wort des Dichters; vielleicht auch ruft wiederum das Wort Hölderlins, weil es ein dichtendes ist, uns anspruchsreicher und darum winkender auf den Weg eines Denkens, das dem Bedenklichsten nachdenkt. Gleichwohl bleibt vorerst dunkel, was der Hinweis auf das Wort Hölderlins überhaupt soll. Fraglich bleibt, mit welchem Recht wir auf dem Weg eines Denkversuches einen Dichter und gerade diesen nennen. Ungeklärt bleibt auch, auf welchem Boden und in welchen Grenzen der Hinweis auf das Dichterische verbleiben muß.

II

Wie sollen wir je das vielgenannte Verhältnis von Denken und Dichten bedenken können, solange wir nicht wissen, was Denken heißt, solange wir demzufolge auch nicht bedenken können, was Dichten ist? Wir Heutigen haben vermutlich nicht die geringste Ahnung davon, wie denkend die Griechen ihre hohe Dichtung, wie denkend sie die Werke ihrer Kunst erlebten, nein, nicht erlebten, sondern in der Anwesenheit ihres Scheinens dastehen ließen.

Nur dies mag jetzt schon einleuchten, daß wir Hölderlins Wort nicht als ein Zitat aus dem Bereich des dichterischen Sagens beiziehen, um dadurch den trockenen Gang des Denkens aufzufrischen und auszuschmücken. Das wäre eine Entwürdigung des dichtenden Wortes. Sein Sagen beruht in seiner eigenen Wahrheit. Sie heißt Schönheit. Die Schönheit ist ein Geschick des Wesens der Wahrheit, wobei Wahrheit besagt: die Entbergung des Sichverbergenden. Schön ist nicht das, was gefällt, sondern was unter jenes Geschick der Wahrheit fällt, das sich ereignet, wenn das ewig Unscheinbare und darum Unsichtbare in das erscheinendste Scheinen gelangt. Wir sind daran gehalten, das dichtende Wort in *seiner* Wahrheit, in der Schönheit, zu lassen. Das schließt nicht aus, sondern ein, daß wir das dichtende Wort denken.

Wenn wir Hölderlins Wort eigens in den Bereich des Denkens einholen, dann müssen wir uns freilich hüten, das, was Hölderlin dichterisch sagt, unbedacht mit dem gleichzusetzen, was wir unter dem Namen »das Bedenklichste« zu denken uns anschicken. Das dichtend Gesagte und das denkend Gesagte sind niemals das Gleiche; aber sie sind zuweilen das Selbe, dann nämlich, wenn die Kluft zwischen Dichten und Denken rein und entschieden klafft. Dies kann geschehen, wenn das Dichten ein hohes und das Denken ein tiefes ist. Auch davon wußte Hölderlin manches. Wir entnehmen es den beiden Strophen, die überschrieben sind:

Sokrates und Alcibiades

'Warum huldigest du, heiliger Sokrates,
Diesem Jünglinge stets? kennest du Größeres nicht?
Warum siehet mit Liebe,
Wie auf Götter, dein Aug' auf ihn?'

(Die Antwort gibt die zweite Strophe:)

Wer das Tiefste gedacht, liebt das Lebendigste,
Hohe Jugend versteht, wer in die Welt geblickt,
Und es neigen die Weisen
Oft am Ende zu Schönem sich.

Uns geht der Vers an: »Wer das Tiefste gedacht, liebt das Lebendigste.« Doch wir überhören bei diesem Vers allzuleicht die eigentlich sagenden und darum tragenden Worte, die Verba. Wir hören das Verbale, wenn wir den Vers, dem gewöhnlichen Ohr ungewohnt, anders betonen:

»Wer das Tiefste *gedacht*, *liebt* das Lebendigste.«

Die nächste Nähe der beiden Verben »gedacht« und »liebt« bildet die Mitte dieses Verses. Das Mögen ruht im Denken. Ein wunderlicher Rationalismus, der die Liebe auf das Denken gründet. Ein fatales Denken, das dabei ist, sentimental zu werden. Doch von all dem findet sich in diesem Vers keine Spur. Was er sagt, ermessen wir erst, wenn wir das Denken vermögen. Darum fragen wir: Was heißt Denken?

Was z. B. Schwimmen »heißt«, lernen wir nie durch eine Abhandlung über das Schwimmen kennen. Was Schwimmen heißt, sagt uns nur der Sprung in den Strom. Die Frage »Was heißt Denken?« läßt sich niemals dadurch beantworten, daß wir eine Begriffsbestimmung über das Denken, eine Definition, vorlegen und deren Inhalt fleißig ausbreiten. Wir denken im folgenden nicht *über* das Denken. Wir bleiben außerhalb der bloßen Reflexion, die das Denken zu ihrem Gegenstand macht. Große Denker, Kant zuerst und dann Hegel, haben das Unfruchtbare dieser Reflexion erkannt. Sie mußten daher versuchen, sich aus dieser Reflexion hinauszureflektieren. Wie weit sie damit kamen, wohin sie dabei gelangten, das wird uns am geeigneten Ort unseres Weges viel zu denken geben. Das Denken über das Denken hat sich im Abendland als »Logik« entfaltet. Sie hat besondere Kenntnisse über eine besondere Art des Denkens zusammengebracht. Diese Kenntnisse der Logik werden erst in allerjüngster Zeit wissenschaftlich fruchtbar gemacht und zwar in einer besonderen Wissenschaft, die sich »Logistik« nennt. Sie ist die speziellste aller Spezialwissenschaften. Die Logistik gilt jetzt vielerorts, vor allem in den angelsächsischen Ländern, schon als die einzig mögliche Gestalt der strengen Philosophie, weil ihre Ergebnisse und ihr Verfahren sogleich einen sicheren Nutzen für den Bau der technischen Welt abwerfen. Die Logistik beginnt daher heute in Amerika und anderswo als die eigentliche Philosophie der Zukunft die Herrschaft über den Geist zu übernehmen. Dadurch, daß sich die Logistik auf eine geeignete Weise mit der modernen Psychologie und Psychoanalyse und mit der Soziologie koppelt, wird der Konzern der kommenden Philosophie perfekt. Diese Zernierung ist jedoch keineswegs das Gemächte von Menschen. Vielmehr stehen diese Disziplinen im Geschick einer Macht, die weither kommt und für die vielleicht die griechischen Wörter ποίησις (Poesie) und τέχνη (Technik) die geeigneten Namen bleiben, gesetzt, daß sie uns, den Denkenden, Jenes nennen, was zu denken gibt.

III

Wenn wir zu lernen versuchen, was Denken heißt, verlieren wir uns dann nicht in die Reflexion, die über das Denken denkt? Gleichwohl fällt auf unserem Weg ständig ein Licht in das Denken. Allein dieses Licht wird nicht durch die Laterne der Reflexion erst herzugebracht. Das Licht kommt aus dem Denken selbst und nur aus ihm. Dem Denken eignet das Rätselvolle, daß es selber in sein eigenes Licht gebracht wird, freilich nur dann, wenn es und solange es ein Denken ist und sich davon frei hält, auf einem Räsonieren über die ratio zu beharren.

Das Denken denkt, wenn es dem Bedenklichsten entspricht. Das Bedenklichste zeigt sich in unserer bedenklichen Zeit darin, daß wir noch nicht denken. Was dieser Satz sagt, bleibt vorerst eine Behauptung. Sie hat die Form einer Aussage, auf die wir jetzt eingehen. Wir erörtern zunächst zweierlei: einmal den Ton, den die Behauptung hat, zum anderen ihren Aussagecharakter.

Die Behauptung lautet: das Bedenklichste in unserer bedenklichen Zeit ist, daß wir noch nicht denken.

Als bedenklich gilt uns z.B. am Zustand eines Schwerkranken das Besorgniserregende. Bedenklich nennen wir das Unsichere, das Dunkle, das Drohende, das Finstere, überhaupt das Widrige. Reden wir vom Bedenklichen, dann meinen wir gewöhnlich und sogleich etwas Abträgliches und damit etwas Negatives. Eine Aussage, die von einer bedenklichen Zeit und gar noch von ihrem Bedenklichsten spricht, ist demnach zum voraus auf einen negativen Ton gestimmt. Sie hat nur die widrigen und düsteren Züge des Zeitalters im Blick. Sie haftet an den nichtswürdigen und alles Nichtige fördernden, an den nihilistischen Erscheinungen. Sie sucht deren Kern notwendig in einem Mangel, nach unserem Satz darin, daß es am Denken fehlt.

Man kennt diesen Ton in der Beurteilung unseres Zeitalters zur Genüge. Vor einem Menschenalter sprach man vom »Untergang des Abendlandes«. Heute redet man vom »Verlust der Mitte«. Überall verfolgt und verzeichnet man den Verfall, die Zerstörung, die drohende Vernichtung der Welt. Es gibt überall eine besondere Gattung der Romanreportage, die nur in diesen Niedergängen und Niederungen herumwühlt. Das ist einerseits literarisch viel leichter, als etwas Wesentliches und wahrhaft Gedachtes zu sagen; andererseits beginnt diese Art Literatur schon langweilig zu werden. Man findet, die Welt sei nicht nur aus den Fugen, sondern sie rolle weg ins Nichts des Sinnlosen. Nietzsche sagt, alldem weit vorausblickend aus höchstem Standort, bereits in den achtziger Jahren des vorigen Jahrhunderts dafür das einfache, weil gedachte Wort: »Die Wüste wächst«. Das will sagen: die Verwüstung breitet sich aus. Verwüstung ist mehr als Zerstörung. Verwüstung ist unheimlicher als Vernichtung. Die Zerstörung beseitigt nur das bisher Gewachsene und Gebaute; die Verwüstung aber unterbindet künftiges Wachstum und verwehrt jedes Bauen. Die Verwüstung ist unheimlicher als die bloße Vernichtung. Auch diese beseitigt und zwar auch noch das Nichts, während die Verwüstung das Unterbindende und Verwehrende gerade bestellt und ausbreitet. Die Sahara in Afrika ist nur eine Art der Wüste. Die Verwüstung der Erde kann mit der Erzielung eines höchsten Lebensstandards des Menschen ebenso zusammengehen wie mit der Organisation eines gleichförmigen Glückszustandes aller Menschen. Die Verwüstung kann mit beiden das Selbe sein und auf die unheimlichste Weise überall umgehen, nämlich dadurch, daß sie sich verbirgt. Die Verwüstung ist kein bloßes Versanden. Die Verwüstung ist die auf hohen Touren laufende Vertreibung der Mnemosyne. Das Wort »die Wüste wächst« kommt aus einem anderen Ort als die gängigen Beurteilungen unserer Zeit. »Die Wüste wächst« sagte Nietzsche vor fast 70 Jahren. Er fügt hinzu: »weh dem, der Wüsten birgt«.

Nun sieht es so aus, als gehöre die Behauptung: »Das Bedenklichste in unserer bedenklichen Zeit ist, daß wir noch nicht denken« gleichfalls in das Konzert der Stimmen, die das heutige Europa als krank und das gegenwärtige Zeitalter als im Niedergang begriffen abschätzen.

Hören wir genauer hin! Die Behauptung sagt, das Bedenklichste sei, daß wir noch nicht denken. Die Behauptung sagt weder, daß wir nicht mehr denken, noch sagt sie rundweg, daß wir überhaupt nicht denken. Das mit Bedacht gesagte »noch nicht« deutet darauf, daß wir, weither vermutlich, zum Denken schon unterwegs sind, nicht nur unterwegs zum Denken als einem dereinst geübten Verhalten, sondern unterwegs *im* Denken, auf dem Weg des Denkens.

Unsere Behauptung bringt demnach einen Lichtblick in die Verdüsterung, die nicht nur von irgendwoher auf der Welt zu lasten scheint, sondern von den Menschen fast herbeigezerrt wird. Unsere Behauptung nennt allerdings die heutige Zeit die bedenkliche. Mit diesem Wort meinen wir, ohne jeden abträglichen Nebenton, das, was uns zu denken gibt, nämlich das, was bedacht sein möchte. Das so verstandene Bedenkliche braucht keinesfalls das Besorgniserregende oder gar Verstörende zu sein. Denn zu denken gibt uns auch das Erfreuliche, auch das Schöne, auch das Geheimnisvolle, auch das Huldreiche. Vielleicht ist dies Genannte sogar bedenklicher denn alles Übrige, was wir sonst und meist recht unbedenklich »das Bedenkliche« zu nennen pflegen. Das vorhin Genannte gibt uns zu denken, wenn nur wir die Gabe nicht dadurch schon zurückweisen, daß wir das Erfreuliche, das Schöne, das Huldvolle lediglich für solches nehmen, was dem Gefühl und dem Erlebnis vorbehalten und der Zugluft des Denkens ferngehalten bleiben soll. Erst dann, wenn wir uns auf das Geheimnisvolle und Huldreiche als das eingelassen haben, was eigentlich zu denken gibt, können wir auch bedenken, was wir vom Bösartigen des Bösen halten sollen.

Das Bedenklichste könnte somit etwas Hohes, vielleicht sogar das Höchste sein, was es für den Menschen gibt, wenn anders der Mensch dasjenige Wesen bleibt, das *ist,* insofern es denkt, d.h. von Gedachtem angesprochen wird, weil sein Wesen im Gedächtnis beruht. Das Bedenklichste braucht auch nicht, gerade wenn es das Höchste ist, auszuschließen, daß es zugleich das Gefährlichste bleibt. Oder meint man, das Wesen des Wahren, das Wesen des Schönen, das Wesen der Huld, um nur dies zu nennen, bestünde ein Mensch auch nur im Geringen ohne Gefahr?

Wenn daher unsere Behauptung von der bedenklichen Zeit und ihrem Bedenklichsten spricht, ist sie keinesfalls auf den Ton des Trübsinns und der Verzweiflung gestimmt. Sie läßt sich nicht blindlings dem Schlimmsten zutreiben. Sie ist nicht pessimistisch. Die Behauptung ist jedoch ebensowenig optimistisch. Sie möchte nicht rasch beschwichtigen mit einer gekünstelt hoffnungsvollen Aussicht auf das Beste. Was bleibt dann noch? Das Unentschiedene zwischen beiden? Die Indifferenz? Dies noch weniger. Denn alles Unentschiedene lebt immer nur von dem, zwischen dem es sich nicht entscheidet. Auch wer sich im Urteilen jenseits von Pessimismus und Optimismus glaubt oder diesseits davon, bleibt immer schon auf Optimismus und Pessimismus orientiert und hält sich nur an eine Abart der Indifferenz. Der Pessimismus aber und der Optimismus, beide samt der von ihnen beköstigten Indifferenz und ihren Abarten kommen aus einer besonderen Beziehung des Menschen zu dem, was man die Geschichte nennt. Diese Beziehung läßt sich in ihrer Besonderheit schwer fassen; nicht weil sie weitab liegt, sondern weil sie für uns schon die gewöhnliche ist. Auch unsere Behauptung kommt offenbar aus einer Beziehung zur Geschichte und Lage des Menschen. Welches ist diese Beziehung? Damit stehen wir beim Zweiten, was wir hinsichtlich unserer Behauptung beachten müssen.

IV

Das Erste ist: der Ton unserer Behauptung hat nichts Negatives, wie es beim flüchtigen Hören leicht scheinen könnte. Der Satz entspringt überhaupt nicht einer abschätzenden Stellungnahme, diese sei wie immer geartet. Das Zweite betrifft die Frage nach dem Aussagecharakter der Behauptung. Die Weise, in der unsere Behauptung spricht, läßt sich freilich erst dann hinreichend andeuten, wenn wir zu bedenken vermögen, was die Behauptung eigentlich sagt. Diese Möglichkeit ergibt sich im günstigsten Fall am Schluß der Vorlesung oder lange nachher. Wahrscheinlicher ist sogar, daß dieser günstigste Fall noch ausbleibt. Darum müssen wir jetzt schon auf die Frage aufmerksam machen, die uns die Behauptung aufgibt, wenn wir der Weise ihres Sagens nachdenken. Die Weise verstehen wir jedoch anders denn als Art und Weise, als modus. Weise ist hier gemeint als Melodie, als Klang und Ton, der nicht nur die Verlautbarung des Sagens angeht. Die Weise des Sagens ist der Ton, aus dem und auf den sein Gesagtes gestimmt ist. Damit deuten wir an, daß beide Fragen, die nach dem »Ton« unserer Behauptung und die nach ihrem Aussagecharakter, zusammenhängen.

Daß die Behauptung, die von unserer bedenklichen Zeit und ihrem Bedenklichsten spricht, ein Urteil über das gegenwärtige Zeitalter sei, läßt sich, wie es scheint, kaum bestreiten. Wie steht es mit solchen Urteilen über die Gegenwart? Sie kennzeichnen das Zeitalter z. B. als ein untergehendes, als ein krankes, als ein verfallendes, als das mit dem »Verlust der Mitte« geschlagene. An solchen Urteilen ist jedoch nicht dies das Entscheidende, daß sie alles auf das Negative abschätzen, sondern daß sie überhaupt schätzen. Sie bestimmen den Wert, gleichsam die Preislage, in die das Zeitalter gehört. Man hält solche Schätzungen für unentbehrlich, aber auch für unvermeidlich. Vor allem erwecken sie unmittelbar den Anschein, im Recht zu sein. Darum fällt ihnen auch alsbald die Beistimmung der Vielen zu, wenigstens für die Zeitdauer, die solchen Urteilen beschieden ist. Sie wird jetzt immer kürzer. Daß man heute wieder mehr dem Satz Spenglers vom Untergang des Abendlandes zustimmt, liegt neben mancherlei äußerlichen Beweggründen daran, daß Spenglers Satz nur der negative, aber richtige Folgesatz von Nietzsches Wort ist: »Die Wüste wächst«. Wir betonten, dies Wort sei ein gedachtes. Es ist ein wahres Wort.

Die sonst auftauchenden Urteile über das Zeitalter scheinen aber doch nicht weniger im Recht zu sein. Sie sind es auch, insofern sie richtig sind, denn sie richten sich nach Tatsachen, die massenweise als Beleg angefahren und durch geschickt sortierte Zitate aus Schriftstellern belegt werden können. Richtig nennen wir das Vorstellen, das sich nach seinem Gegenstand richtet. Man setzt seit langem diese Richtigkeit des Vorstellens mit der Wahrheit gleich, d. h. man bestimmt das Wesen der Wahrheit aus der Richtigkeit des Vorstellens. Sage ich: heute ist Freitag, dann ist diese Aussage richtig; denn sie richtet das Vorstellen auf die Abfolge der Wochentage und trifft den heutigen. Urteilen ist: richtiges Vorstellen. Beim Urteilen über etwas, wenn wir z. B. sagen: »Der Baum dort blüht«, muß unser Vorstellen die Richtung auf den Gegenstand, den blühenden Baum, einhalten. Dieses Richtunghalten ist jedoch von der ständigen Möglichkeit umgeben, daß wir die Richtung entweder nicht erlangen oder sie verlieren. Dadurch wird das Vorstellen nicht richtungslos, aber in bezug auf den Gegenstand unrichtig. Das Urteilen ist, genauer gesagt, richtiges und darum möglicherweise auch unrichtiges Vorstellen. Damit wir jetzt sehen, welchen Aussagecharakter unsere Behauptung über das gegenwärtige Zeitalter hat, müssen wir deutlicher zeigen, wie es mit dem Urteilen, d.h. mit dem richtigen und unrichtigen Vorstellen steht. Wenn wir dem sachgemäß nachdenken, stehen wir schon mitten in der Frage: Was ist das überhaupt – das Vorstellen?

Vorstellen? Wer von uns sollte nicht wissen, was Vorstellen heißt? Wenn wir etwas vorstellen, z.B. philologisch einen Text, kunsthistorisch ein Bildwerk, in der Chemie einen Verbrennungsvorgang, dann haben wir von den genannten Gegenständen jeweils eine Vorstellung. Und wo haben wir diese Vorstellungen? Wir haben sie im Kopf. Wir haben sie im Bewußtsein. Wir haben sie in der Seele. Wir haben die Vorstellungen in uns drinnen, die Vorstellungen von den Gegenständen. Freilich ist seit einigen Jahrhunderten die Philosophie dazwischengefahren und hat es fraglich gemacht, ob denn die Vorstellungen in uns überhaupt einer Wirklichkeit außer uns entsprechen. Die einen sagen: ja; die anderen: nein; wieder andere sagen, dies sei überhaupt nicht entscheidbar, man könne lediglich sagen, die Welt, d.h. hier das Ganze des Wirklichen, sei, insofern sie von uns vorgestellt werde. »Die Welt ist meine Vorstellung«. In diesen Satz hat Schopenhauer das Denken der neueren Philosophie zusammengefaßt. Schopenhauer muß hier genannt werden, weil sein Hauptwerk »Die Welt als Wille und Vorstellung« seit dessen Erscheinen im Jahre

1818 das gesamte Denken des ganzen 19. Jahrhunderts und des 20. auf das nachhaltigste bestimmt hat, auch dort, wo dies nicht unmittelbar deutlich an den Tag kommt, auch dort, wo sein Satz bekämpft wird. Wir vergessen zu leicht, daß ein Denker dort wesentlicher wirkt, wo er bekämpft wird, als dort, wo man ihm zustimmt. Sogar Nietzsche mußte durch eine Auseinandersetzung mit Schopenhauer hindurch, bei der auch Nietzsche trotz seiner entgegengesetzten Auffassung des Willens an dem Grundsatz Schopenhauers festhielt: »Die Welt ist meine Vorstellung«. Schopenhauer selbst sagt zu diesem Satz am Beginn des zweiten Bandes (Kap. 1) seines Hauptwerkes das folgende:

> »'Die Welt ist meine Vorstellung' – ist, gleich den Axiomen Euklids, ein Satz, den Jeder als wahr erkennen muß, sobald er ihn versteht; wenngleich nicht ein solcher (Satz), den Jeder versteht, sobald er ihn hört. – Diesen Satz zum Bewußtsein gebracht und an ihn das Problem vom Verhältnis des Idealen zum Realen, d.h. der Welt im Kopf zur Welt außer dem Kopf, geknüpft zu haben, macht, neben dem Problem von der moralischen Freiheit, den auszeichnenden Charakter der Philosophie der Neueren aus. Denn erst nachdem man sich Jahrtausende lang im bloß objektiven Philosophieren versucht hatte, entdeckte man, daß unter dem Vielen, was die Welt so rätselhaft und bedenklich macht, das Nächste und Erste dieses ist, daß, so unermeßlich und massiv sie auch sein mag, ihr Dasein dennoch an einem einzigen Fädchen hängt: und dieses ist das jedesmalige Bewußtsein, in welchem sie dasteht.«

Bei der Uneinigkeit der Philosophie darüber, was das Vorstellen im Wesen sei, gibt es offenbar nur einen Ausweg ins Freie. Man verläßt das Feld der philosophischen Spekulationen und untersucht erst einmal sorgfältig und wissenschaftlich, wie es mit den Vorstellungen, die bei den Lebewesen, vor allem den Menschen und Tieren, vorkommen, überhaupt steht. Mit solchen Untersuchungen beschäftigt sich neben anderem die Psychologie. Sie ist heute eine gut eingerichtete und schon weitläufige Wissenschaft, deren Bedeutung sich von Jahr zu Jahr steigert. Doch wir lassen hier die Forschungsergebnisse der Psychologie über das, was sie »Vorstellung« nennt, auf der Seite; nicht weil diese Ergebnisse unrichtig oder gar unwichtig wären, sondern weil sie wissenschaftliche Ergebnisse sind. Denn als wissenschaftliche Aussagen bewegen sie sich bereits in einem Bereich, der auch für die Psychologie auf jener vorher genannten anderen Seite bleiben muß. Darum kann es nicht verwundern, wenn innerhalb der Psychologie in keiner Weise zur Klarheit kommt, was das ist, wohin die Vorstellungen eingeordnet werden: nämlich der Organismus des Lebendigen, das Bewußtsein, die Seele, das Unbewußte und all die Tiefen und Schichten, in die der Bereich der Psychologie gegliedert wird. Hier bleibt alles fragwürdig; dennoch sind die wissenschaftlichen Ergebnisse richtig.

Wenn wir uns jetzt bei unserer Frage, was das Vorstellen sei, gleichwohl nicht an die Wissenschaft halten, dann veranlaßt uns dazu nicht eine Überheblichkeit des Besserwissens, sondern die Vorsicht eines Nichtwissens.

Wir stehen außerhalb der Wissenschaft. Wir stehen statt dessen z.B. vor einem blühenden Baum – und der Baum steht vor uns. Er stellt sich uns vor. Der Baum und wir stellen uns einander vor, indem der Baum dasteht und wir ihm gegenüber stehen. In die Beziehung zueinander – voreinander gestellt, *sind* der Baum und wir. Bei diesem Vorstellen handelt es sich also nicht um »Vorstellungen«, die in unserem Kopf herumschwirren. Halten wir hier einen Augenblick inne, so wie wenn wir Atem holen vor und nach einem Sprung. Wir *sind* nämlich jetzt gesprungen, heraus aus dem geläufigen Bezirk der Wissenschaften und sogar, wie sich zeigen wird, der Philosophie. Und wohin sind wir gesprungen? Vielleicht in einen Abgrund? Nein! Eher auf einen Boden; auf einen? Nein! Sondern auf den Boden, auf dem wir leben und sterben, wenn wir uns nichts vormachen. Eine seltsame Sache oder gar eine unheimliche Sache, daß wir erst auf den Boden springen müssen, auf dem wir eigentlich stehen. Wenn etwas so Seltsames nötig wird wie dieser Sprung, dann muß etwas geschehen sein, das zu denken gibt. Wissenschaftlich geurteilt bleibt es allerdings die belangloseste Sache von der Welt, daß jeder von uns schon einmal einem blühenden Baum gegenüber stand. Was ist schon dabei? Wir stellen uns einem Baum gegenüber, vor ihn, und der Baum stellt sich uns vor. Wer stellt hier eigentlich vor? Der Baum oder wir? Oder beide? Oder keiner von beiden? Wir stellen uns, so wie wir sind, nicht bloß mit dem Kopf oder mit dem Bewußtsein, dem blühenden Baum gegenüber, und der Baum stellt sich uns vor als der, der er ist. Oder ist gar der Baum noch zuvorkommender als wir? Hat der Baum zuvor sich uns vorgestellt, damit wir uns in das Gegenüber zu ihm vorbringen können?

Was ereignet sich hier, daß der Baum sich uns vorstellt und wir uns dem Baum gegenüberstellen? Wo spielt dieses

Vorstellen, wenn wir einem blühenden Baum gegenüber, vor ihm stehen? Etwa in unserem Kopf? Gewiß; in unserem Gehirn mag mancherlei ablaufen, wenn wir auf einer Wiese stehen und einen blühenden Baum in seinem Leuchten und Duften vor uns stehen haben, ihn wahrnehmen. Man kann heute sogar die Vorgänge im Kopf als Gehirnströme durch geeignete Apparaturen der Umformung und Verstärkung akustisch vernehmbar machen und ihren Verlauf in Kurven nachzeichnen. Man kann – gewiß! Was kann der heutige Mensch nicht! Er kann sogar mit diesem Können streckenweise helfen. Und er hilft überall in der besten Absicht. Man kann – vermutlich ahnt noch niemand von uns, was der Mensch demnächst wissenschaftlich alles kann. Aber wo bleibt, um uns auf unseren Fall zu beschränken, wo bleibt bei den wissenschaftlich registrierbaren Gehirnströmen der blühende Baum? Wo bleibt die Wiese? Wo bleibt der Mensch? Nicht das Gehirn, sondern der Mensch, der uns morgen vielleicht wegstirbt und ehedem auf uns zukam? Wo bleibt das Vorstellen, worin der Baum sich vorstellt und der Mensch sich ins Gegenüber zum Baum stellt?

Vermutlich geht bei dem jetzt genannten Vorstellen mancherlei auch dort vor sich, was man als Sphäre des Bewußtseins beschreibt und als das Seelische betrachtet. Aber steht der Baum »im Bewußtsein«, oder steht er auf der Wiese? Liegt die Wiese als Erlebnis in der Seele oder ausgebreitet auf der Erde? Ist die Erde in unserem Kopf? Oder stehen wir auf der Erde?

Man wird entgegnen wollen: wozu denn solche Fragen über einen Sachverhalt, den jedermann billigerweise sogleich zugibt, da es doch für alle Welt sonnenklar ist, daß wir auf der Erde und nach dem gewählten Beispiel einem Baum gegenüberstehen? Doch verfahren wir mit diesem Zugeben nicht zu eilig, nehmen wir dieses Sonnenklare nicht zu leicht. Denn unversehens geben wir alles preis, sobald uns die Wissenschaften der Physik, Physiologie und Psychologie samt der wissenschaftlichen Philosophie mit dem ganzen Aufwand ihrer Belege und Beweise erklären, daß wir doch eigentlich keinen Baum wahrnehmen, sondern in Wirklichkeit eine Leere, in die spärlich hie und da elektrische Ladungen eingestreut sind, die mit großer Geschwindigkeit hin- und hersausen. Es genügt nicht, daß wir nur für die gleichsam wissenschaftlich unbewachten Augenblicke zugeben, wir stünden natürlich einem blühenden Baum gegenüber, um dann im nächsten Augenblick ebenso selbstverständlich zu versichern, daß jene Meinung natürlich nur die naive, weil vorwissenschaftliche Auffassung der Gegenstände kennzeichne. Mit dieser Versicherung haben wir jedoch etwas zugestanden, dessen Tragweite wir kaum beachten, nämlich dies, daß eigentlich die genannten Wissenschaften darüber befinden, was an dem blühenden Baum als Wirklichkeit gelten dürfe und was nicht. Woher nehmen die Wissenschaften, denen die Herkunft ihres eigenen Wesens dunkel bleiben muß, die Befugnis zu solchen Urteilen? Woher nehmen die Wissenschaften das Recht, den Standort des Menschen zu bestimmen und sich als den Maßstab solcher Bestimmung anzusetzen? Das geschieht aber schon, wenn wir uns auch nur stillschweigend damit abfinden, daß unser Stehen im Gegenüber zum Baum lediglich eine vorwissenschaftlich gemeinte Beziehung zu dem sei, was wir da noch »Baum« nennen. In Wahrheit sind wir heute eher geneigt, den blühenden Baum zugunsten vermeintlich höherer physikalischer und physiologischer Erkenntnisse fallenzulassen.

Wenn wir dem nachdenken, was dies sei, daß ein blühender Baum sich uns vorstellt, so daß wir uns in das Gegenüber zu ihm stellen können, dann gilt es allem zuvor und endlich den blühenden Baum nicht fallen, sondern ihn erst einmal dort stehen zu lassen, wo er steht. Weshalb sagen wir »endlich«? Weil das Denken ihn bisher noch nie dort hat stehen lassen, wo er steht.

Aber die wissenschaftliche Erforschung der Geschichte des abendländischen Denkens berichtet uns doch, Aristoteles sei, nach seiner Lehre vom Erkennen beurteilt, ein Realist gewesen. Das ist ein Mann, der die Existenz und die Erkennbarkeit der Außenwelt bejaht. In der Tat, Aristoteles ist nie auf den Gedanken verfallen, die Existenz der Außenwelt zu leugnen. Darauf verfiel aber auch Platon niemals und ebensowenig Heraklit oder Parmenides. Diese Denker haben freilich die Anwesenheit der Außenwelt auch niemals erst noch eigens bejaht oder gar bewiesen.

V

Was heißt Denken? Hüten wir uns vor der blinden Gier, die für diese Frage eine Antwort in der Form einer Formel erraffen möchte. Bleiben wir bei der Frage. Achten wir auf die Weise, in der sie fragt: »Was heißt Denken?«

»Warte, ich werde dich lehren, was gehorchen heißt« – ruft die Mutter ihrem Buben nach, der nicht nach Hause will. Verspricht die Mutter ihrem Sohn eine Definition über den Gehorsam? Nein. Aber vielleicht gibt sie ihm eine Lektion? Auch nicht, falls sie eine rechte Mutter ist. Sie wird vielmehr dem Sohn das Gehorchen beibringen. Oder noch besser und umgekehrt: sie wird den Sohn in das Gehorchen bringen. Das glückt um so nachhaltiger, je seltener sie schilt. Es glückt um so einfacher, je unmittelbarer die Mutter den Sohn ins Hören bringt. Nicht erst so, daß er sich dazu nur bequemt, sondern so, daß er vom Hörenwollen nicht mehr lassen kann. Weshalb nicht? Weil er hörend geworden ist für das, wohin sein Wesen gehört. Das Lernen läßt sich darum durch kein Schelten bewirken. Und dennoch muß einer beim Lehren bisweilen laut werden. Er muß sogar schreien und schreien, selbst wenn es sich darum handelt, eine so stille Sache wie das Denken lernen zu lassen. Nietzsche, der einer der stillsten und scheuesten Menschen war, wußte von dieser Notwendigkeit. Er durchlitt die Qual, schreien zu müssen. In einem Jahrzehnt, als die Weltöffentlichkeit noch nichts von Weltkriegen wußte, als der Glaube an den »Fortschritt« fast *die* Religion der zivilisierten Völker und Staaten wurde, hat es Nietzsche hinausgeschrieen: »Die Wüste wächst ...« Er hat dabei die Mitmenschen und vor allem sich selber gefragt: »Muß man ihnen erst die Ohren zerschlagen, daß sie lernen, mit den Augen hören? Muß man rasseln gleich Pauken und Bußpredigern?« (Also sprach Zarathustra, Vorrede n. 5) Aber Rätsel über Rätsel! Was einmal Schrei war: »Die Wüste wächst ...«, droht zum Geschwätz zu werden. Das Drohende dieser Verkehrung gehört zu dem, was uns zu denken gibt. Dieses Drohende besteht darin, daß vielleicht das Gedachteste heute und morgen erst recht über Nacht nur noch eine Redensart ist und in der Form der Redensart sich ausbreitet und umgeht. Diese Art zu reden betätigt sich in den unübersehbaren Beschreibungen des heutigen Weltzustandes. Sie beschreiben, was seinem Wesen nach unbeschreiblich ist. Denn es möchte nur bedacht sein im Denken, das eine Art des Rufens ist und deshalb bisweilen ein Schreien werden muß. Im Geschriebenen erstickt der Schrei leicht, vollends dann, wenn das Schreiben sich nur im Beschreiben ergeht und es darauf absieht, das Vorstellen zu beschäftigen und ihm ausreichend immer neuen Stoff zu liefern. Im Geschriebenen verschwindet das Gedachte, wenn das Schreiben es nicht vermag, im Geschriebenen selbst noch ein Gehen des Denkens, ein Weg zu bleiben. Um die Zeit, als jenes Wort: »Die Wüste wächst ...« fiel, schrieb Nietzsche in sein Notizheft (G.W. XIV, S. 229, Aph. 464 aus dem Jahre 1885): »Ein Mensch, dem fast alle Bücher oberflächlich geworden sind, der vor wenigen Menschen der Vergangenheit noch den Glauben übrig hat, daß sie Tiefe genug besessen haben, um – nicht zu schreiben, was sie wußten.« Aber Nietzsche mußte schreien. Und ihm blieb keine andere Weise dafür, als zu schreiben. Dieser geschriebene Schrei seines Denkens ist das Buch, das Nietzsche betitelte: »Also sprach Zarathustra«. Die ersten drei Teile sind zwischen 1883 und 1884 geschrieben und erschienen. Der vierte Teil ist 1884/85 geschrieben, aber nur für den engsten Freundeskreis gedruckt. Dieses Werk Nietzsches denkt den einzigen Gedanken dieses Denkers: den Gedanken der ewigen Wiederkehr des Gleichen. Jeder Denker denkt nur einen einzigen Gedanken. Auch dies unterscheidet das Denken wesentlich von den Wissenschaften. Der Forscher braucht immer neue Entdeckungen und Einfälle, sonst gerät die Wissenschaft ins Stocken und ins Falsche. Der Denker braucht nur einen einzigen Gedanken.

Und die Schwierigkeit für den Denker ist, diesen einzigen, diesen einen Gedanken als das einzig für ihn zu-Denkende festzuhalten, dieses Eine als das Selbe zu denken und von diesem Selben in der gemäßen Weise zu sagen. Vom Selben sprechen wir jedoch nur dann in der ihm gemäßen Weise, wenn wir vom Selben immer das Selbe sagen und zwar so, daß wir dabei selbst vom Selben in den Anspruch genommen werden. Für das Denken ist daher das Grenzenlose des Selben die schärfste Grenze. Nietzsche, der Denker, deutet diese verborgene Schicklichkeit des Denkens dadurch an, daß er seinem Werk »Also sprach Zarathustra« einen Untertitel mit auf den Weg gegeben hat, der lautet: »Ein Buch für Alle und Keinen«. »Für Alle«, d.h. nicht: für jedermann als jeden Beliebigen; »für Alle«, d.h.: für jeden Menschen als Menschen, für jeden jeweils, insofern er sich in seinem Wesen denk-würdig wird. »Und Keinen« – das heißt: für niemanden aus den überall vorhandenen Menschen, die sich lediglich an Stücken und Sätzen dieses Buches berauschen und blindlings in seiner Sprache umhertaumeln, statt sich auf den Weg seines Denkens zu machen und allererst sich selber dabei fragwürdig zu werden. »Also sprach Zarathustra. Ein Buch für Alle und Keinen«. Wie unheimlich hat sich dieser Untertitel des Werkes in den siebzig Jahren seit seinem Erscheinen bewahrheitet – aber im genau umgekehrten Sinne. Es wurde ein Buch für jedermann, und kein Denkender zeigt sich, der dem Grundgedanken dieses Buches und seiner Dunkelheit gewachsen wäre. In dieses Buch, seinen vierten und letzten Teil, hat Nietzsche das Wort geschrieben: »Die Wüste wächst ...« Er hat in dieses Wort alles geschrieben, was er wußte. Denn das Wort ist der Titel eines Liedes, das Nietzsche dichtete, als er »am fernsten vom wolkigen feuchten schwermütigen Alt-Europa« war. Das Wort lautet vollständig: »Die Wüste wächst: weh dem, der Wüsten birgt!« Wem gilt dieses »weh«? Hat Nietzsche hier an sich selbst gedacht? Wie, wenn er gewußt hätte, daß gerade sein Denken erst eine Verwüstung bringen müsse, inmitten deren einmal und anderswoher hier und dort Oasen aufgehen und Quellen springen? Wie, wenn er gewußt hätte, daß er ein vorläufiger Übergang sein müsse, voraus- und zurückweisend und darum überall zweideutig, sogar noch in der Art und im Sinne des Übergangs? Alles Bedachte spricht dafür, daß es so ist, wie Nietzsche selber es wußte und was er deshalb oft in Rätselworten aussprach. Darum wird auch ein denkendes Gespräch mit ihm fortgesetzt in andere Dimensionen gebracht. Darum versagen seinem Denken gegenüber in einem besonderen Sinne alle Formeln und Titel. Dies meint durchaus nicht, Nietzsches Denken sei nur ein jederzeit wieder zurücknehmbares Spiel mit Bildern und Zeichen. Das Gedachte seines Denkens ist so eindeutig wie nur eines; aber das Eindeutige ist vielräumig, in Räumen, die sich ineinander verfügen. Ein Grund hierfür liegt darin, daß sich in Nietzsches Denken alle Motive des abendländischen Denkens, aber alle verwandelt, geschicklich versammeln. Darum lassen sie sich auch nicht historisch nach- und aufrechnen. Dem Denken Nietzsches, das ein Übergang ist, kann daher nur eine Zwiesprache entsprechen, deren eigener Weg einen Übergang vorbereitet. Bei einem solchen Übergang muß freilich Nietzsches Denken im ganzen noch auf die eine Seite zu stehen kommen, von der weg sich der Übergang auf die andere Seite bewegt. Dieser seiner Weite und seiner Art nach andere Übergang ist hier nicht zu erörtern. Die Bemerkung soll lediglich andeuten, daß dieser weiter gespannte und anders geartete Übergang die eine Seite zwar verlassen muß, aber sie dabei gerade nicht übergehen kann im Sinne einer Vernachlässigung. Nietzsches Denken, das ganze Denken des Abendlandes wird bei diesem Übergang in seiner eigentlichen Wahrheit angeeignet. Diese Wahrheit liegt jedoch keineswegs offen am Tag. In bezug auf Nietzsche beschränken wir uns darauf, das einzig Wesentliche sichtbar zu machen, was seinem Denken bei der Begehung seines Weges voranleuchtete. Daraus können wir dann entnehmen, auf welchem Gang seines Denkens das Wort fiel: »Die Wüste wächst: weh dem, der Wüsten birgt!«

Damit wir nun aber dem Denken Nietzsches überhaupt begegnen können, müssen wir erst es finden. Erst wenn das Finden geglückt ist, dürfen wir versuchen, das Gedachte dieses Denkens wieder zu verlieren. Dieses, das Verlieren, ist schwerer als jenes, das Finden. Denn »verlieren« heißt in einem solchen Fall nicht: etwas bloß fallen lassen, es hinter sich lassen und preisgeben. Verlieren besagt hier: von dem, was Nietzsches Denken dachte, sich wahrhaft befreien. Das geschieht aber nur so, daß wir von uns aus und uns zum Andenken dieses Gedachte in das Freie seines eigenen Wesensgehaltes freigeben und es dadurch an dem Ort lassen, an den es von sich aus gehört. Nietzsche hat von diesen Verhältnissen des Entdeckens, Findens und Verlierens gewußt. Er muß davon während des ganzen Ganges auf seinem Wege immer klarer gewußt haben. Denn nur so ist es zu verstehen, daß er dies am Ende seines Weges mit einer unheimlichen Klarheit sagen konnte. Was er in dieser Hinsicht noch zu sagen hatte, steht auf einem der Zettel, die Nietzsche aus den Tagen, als er am 4. Januar 1889 auf der Straße zusammenbrach und in den Wahnsinn fiel, an seine Freunde verschickte. Man nennt diese Zettel »Wahnzettel«. Medizinisch-wissenschaftlich vorgestellt ist diese Kennzeichnung richtig. Für das Denken bleibt sie gleichwohl unzureichend.

Einer dieser Zettel ist an den Dänen Georg Brandes gerichtet, der im Jahre 1888 in Kopenhagen die ersten öffentlichen Vorlesungen über Nietzsche gehalten hat.

Poststempel Torino 4. I. 89.

Meinem Freunde Georg.

Nachdem Du mich entdeckt hast, war es kein Kunststück mich zu finden: die Schwierigkeit ist jetzt die, mich zu verlieren …

Der Gekreuzigte.

Wußte Nietzsche, daß etwas Unverlierbares durch ihn hindurch ins Wort kam? Etwas Unverlierbares für das Denken, solches, worauf das Denken immer wieder zurückkommen muß, je denkender es wird? Er wußte es. Denn der entscheidende Satz, zu dem ein Doppelpunkt überleitet, ist nicht mehr nur an den Empfänger des Zettels gerichtet. Der Satz spricht ein geschickhaftes Verhältnis schlechthin aus: »Die Schwierigkeit ist jetzt die, mich zu verlieren …« Jetzt und für alle und künftig. Darum lesen wir den Satz, ja sogar den ganzen Inhalt des Zettels so, als sei er an uns gerichtet. Nachdem wir die inzwischen abgelaufenen dreiundsechzig Jahre im groben wenigstens überschauen können, müssen wir freilich anerkennen, daß für uns auch noch die Schwierigkeit bleibt, Nietzsche erst einmal zu finden, wenngleich er entdeckt ist, d.h. wenngleich bekannt ist, daß ein Denken dieses Denkers sich ereignet hat. Wir stehen sogar durch dieses Bekannte in der größeren Gefahr, Nietzsche nicht zu finden, weil wir meinen, des Suchens schon enthoben zu sein. Lassen wir uns die Meinung, Nietzsches Denken sei gefunden, nicht dadurch vortäuschen, daß es eine seit einem halben Jahrhundert anschwellende Literatur über Nietzsche gibt. Es ist, als habe Nietzsche auch dies vorausgesehen; denn nicht umsonst läßt er seinen Zarathustra sagen: »Sie reden alle von mir, ... aber niemand denkt – an mich.« An-denken gibt es nur, wo ein Denken ist. Wie sollen wir an Nietzsches Denken denken, wenn wir noch nicht denken? Nietzsches Denken enthält doch nicht nur die übertriebenen Ansichten eines Ausnahmemenschen. In diesem Denken kommt das zu seiner Sprache, was ist, genauer das, was erst noch sein wird. Denn die »Neuzeit« ist noch keineswegs zu Ende. Sie tritt vielmehr gerade erst in den Beginn ihrer vermutlich langwierigen Vollendung. Und Nietzsches Denken? Es gehört zum Bedenklichen, daß es noch nicht gefunden ist. Es gehört zum Bedenklichsten, daß wir nicht im geringsten vorbereitet sind, das Gefundene wahrhaft zu verlieren, statt es nur zu übergehen und zu umgehen. Dieses Umgehen vollzieht sich oft in einer harmlosen Form, nämlich dadurch, daß man eine Gesamtdarstellung der Philosophie Nietzsches vorlegt. Als ob es eine Darstellung gäbe, die nicht notwendig bis in den hintersten Winkel schon Auslegung sein müßte. Als ob es eine Auslegung geben könnte, die daran vorbeikäme, eine Stellungnahme zu sein oder gar durch den Ansatz bereits eine unausgesprochene Ablehnung und

Widerlegung. Aber ein Denker läßt sich niemals dadurch überwinden, daß man ihn widerlegt und eine Widerlegungsliteratur um ihn aufstapelt. Das Gedachte eines Denkers läßt sich nur so verwinden, daß das Ungedachte in seinem Gedachten auf seine anfängliche Wahrheit zurückverlegt wird. Dadurch wird jedoch die denkende Zwiesprache mit dem Denker nicht bequemer, sondern sie gelangt erst in eine sich steigernde Schärfe des Streitgespräches. Indessen wird Nietzsche immer noch tüchtig widerlegt. Bei diesem Geschäft kam es früh dahin, daß man diesem Denker, wie sich nachher zeigen soll, genau das Gegenteil dessen andichtete, was er eigentlich dachte und woran sein Denken sich schließlich verzehrte.

VI

Nietzsche sieht im Bereich des wesentlichen Denkens, klarer denn je einer vor ihm, die Notwendigkeit eines Überganges und damit die Gefahr, daß der bisherige Mensch sich immer hartnäckiger auf die bloße Ober- und Vorderfläche seines bisherigen Wesens einrichtet und das Flache dieser Flächen als den einzigen Raum seines Aufenthaltes auf der Erde gelten läßt. Diese Gefahr ist um so größer, als sie in einem geschichtlichen Augenblick droht, den Nietzsche als erster klar erkannte und als einziger bisher in der ganzen Tragweite metaphysisch durchdachte. Es ist der Augenblick, da der Mensch sich anschickt, die Herrschaft über die Erde im ganzen zu übernehmen.

Nietzsche ist der erste, der die Frage stellt: Ist der Mensch als Mensch in seinem bisherigen Wesen für die Übernahme dieser Herrschaft vorbereitet? Wenn nicht, was muß geschehen mit dem bisherigen Menschen, daß er sich die Erde »untertan« machen und so das Wort eines alten Testamentes erfüllen kann? Nietzsche nennt im Gesichtskreis seines Denkens diesen bisherigen Menschen »den letzten Menschen«. Dieser Name meint nicht, mit dem so benannten Menschen höre überhaupt das Wesen des Menschen auf. Der letzte Mensch ist vielmehr derjenige, der nicht mehr vermag, über sich hinweg zu blicken und über sich hinaus erst einmal in den Bezirk seiner Aufgabe aufzusteigen und sie wesensgerecht zu übernehmen. Der bisherige Mensch vermag das nicht, weil er selbst noch nicht in sein eigenes volles Wesen eingegangen ist. Nietzsche erklärt: dieses Wesen des Menschen ist noch gar nicht festgestellt, d.h. es ist weder gefunden noch festgemacht. Darum sagt Nietzsche: »Der Mensch ist das noch nicht festgestellte Tier.« Der Satz klingt befremdlich. Gleichwohl spricht er nur das aus, was von jeher das abendländische Denken über den Menschen dachte. Der Mensch ist das animal rationale, das vernünftige Tier. Durch die Vernunft erhebt sich der Mensch über das Tier, aber so, daß er ständig auf das Tier herabblicken, es unter sich bringen, mit ihm fertig werden muß. Nennen wir das Tierische das Sinnliche und fassen wir die Vernunft als das Nicht- und Übersinnliche, dann erscheint der Mensch, das animal rationale, als das sinnlich-übersinnliche Wesen. Nennen wir das Sinnliche nach der Überlieferung das Physische, dann zeigt sich die Vernunft, das Übersinnliche als das, was über das Sinnliche, über das Physische hinausgeht; hinüber heißt griechisch μετὰ; μετὰ τὰ φυσικά hinüber über das Physische, Sinnliche; das Übersinnliche in seinem Hinüber über das Physische ist das Metaphysische. Der Mensch ist, sofern er als das animal rationale vorgestellt wird, das Physische in der Übersteigung des Physischen; kurz gesagt: im Wesen des Menschen als animal rationale versammelt sich das Hinüber vom Physischen zum Nicht- und Überphysischen: der Mensch ist so das Meta-Physische selbst. Insofern aber nun für Nietzsche weder das Physische, Sinnliche des Menschen, der Leib, noch das Nichtsinnliche, die Vernunft in ihrem Wesen hinreichend vorgestellt sind, bleibt der Mensch in der bisherigen Bestimmung das noch nicht vorgestellte und damit noch nicht fest-gestellte Tier. Die moderne Anthropologie, die ebenso wie die Psychoanalyse das Schrifttum Nietzsches eifrig ausbeutet, hat diesen Satz gründlich mißverstanden und seine Tragweite überhaupt nicht erkannt. Der Mensch ist das noch nicht festgestellte Tier; das animal rationale ist noch nicht in sein volles Wesen gebracht. Um aber das Wesen des bisherigen Menschen allererst feststellen zu können, muß der bisherige Mensch über sich hinausgebracht werden. Der bisherige Mensch ist insofern der letzte Mensch, als er es nicht vermag, und das heißt, es nicht will, sich unter sich zu bringen und das Verächtliche seiner bisherigen Art zu verachten. Darum muß für den bisherigen Menschen der Übergang über sich selbst hinaus gesucht, darum muß die Brücke gefunden werden zu dem Wesen, als welches der bisherige Mensch der Überwinder seines bisherigen und letzten sein kann. Nietzsche prägt diese von ihm gesichtete Wesensart des über sich hinübergehenden Menschen zunächst in die Gestalt des Zarathustra. Nietzsche wählt für den über sich hinübergehenden und so sich über sich stellenden und so sich allererst fest-stellenden Menschen einen allzu leicht mißverstehbaren Namen. Nietzsche nennt den Menschen, der über den bisherigen hinausgeht, den »Übermenschen«. Mit diesem Namen meint Nietzsche gerade nicht einen bloß überdimensionierten bisherigen Menschen. Gemeint ist auch nicht eine Menschenart, die das »Humane« wegwirft und die Willkür zum Gesetz hinauftreibt und eine titanische Raserei zur Regel macht. Der Über-Mensch ist derjenige, der das Wesen des bisherigen Menschen erst in seine Wahrheit überführt und diese übernimmt. Der so in seinem Wesen fest-gestellte bisherige Mensch soll dadurch in den Stand gebracht werden, künftig der Herr der Erde zu sein, d.h. die Machtmöglichkeiten in einem hohen Sinn zu verwalten, die dem künftigen Menschen aus dem Wesen der technischen Umgestaltung der Erde und des menschlichen Tuns zu-fallen. Die Wesensgestalt dieses Menschen, der recht gedachte Übermensch, ist kein Produkt einer zügellosen und ausgearteten und ins Leere hinausstürmenden Phantasie. Diese Gestalt ist aber auch nicht gefunden auf dem Weg einer historischen Analyse des modernen Zeitalters, sondern: die Wesensgestalt des Übermenschen ist dem metaphysischen Denken Nietzsches zugesprochen, weil sein Denken es vermochte, rein in das voraufgegangene Geschick des abendländischen Denkens sich zu fügen. In Nietzsches Denken kommt bereits zur Sprache, was ist, aber dem gängigen Vorstellen noch verstellt bleibt. Wir dürfen darum auch vermuten, daß der Übermensch hier und dort, und zwar für die Öffentlichkeit noch unsichtbar, schon existiert. Aber wir dürfen die Wesensgestalt des Übermenschen niemals in jenen Figuren suchen, die als Hauptfunktionäre eines vordergründigen und mißdeuteten Willens zur Macht in die Spitzen seiner verschiedenen

Organisationsformen geschoben werden. Der Übermensch ist auch kein Zauberer, der die Menschheit einer paradiesischen Seligkeit auf Erden entgegenführen soll.

»Die Wüste wächst: weh dem, der Wüsten birgt!« Wer ist der, dem hier das »weh« zugerufen wird? Es ist der Übermensch. Denn der Hinübergehende muß ein Untergehender sein; der Weg des Übermenschen beginnt mit seinem Untergang. Mit solchem Beginn ist schon sein Weg entschieden. Erneut bedarf es der Bemerkung: weil der Satz vom Bedenklichsten unserer bedenklichen Zeit – daß wir noch nicht denken – mit Nietzsches Wort von der wachsenden Wüste zusammenhängt, weil in diesem Wort jedoch der Übermensch gedacht ist, müssen wir versuchen, das Wesen des Übermenschen so weit zu verdeutlichen, als unser Weg dies fordert.

Wir halten jetzt die falschen und verwirrenden Töne fern, die für das gewöhnliche Meinen beim Wort »Übermensch« anklingen. Statt dessen achten wir auf drei einfache Sachverhalte, die mit dem schlicht gedachten Wort »Übermensch« sich wie von selbst nahelegen.

1. Das Übergehen. 2. Von wo weg der Übergang geht. 3. Wohin der Übergang geschieht.

Der Übermensch geht über den bisherigen und deshalb letzten Menschen hinaus. Der Mensch ist, wenn er nicht bei der Art des bisherigen Menschen stehen bleibt, ein Übergang; er ist eine Brücke; er ist »ein Seil, geknüpft zwischen Tier und Übermensch«. Dieser ist, streng gedacht, die Gestalt des Menschen, zu der der Hinübergehende übergeht. Zarathustra ist noch nicht der Übermensch selbst, sondern der zu ihm allererst Hinübergehende, der werdende Übermensch. Wir beschränken hier die Betrachtung aus mehreren Gründen auf diese vorläufige Gestalt des Übermenschen. Allein zuvor gilt es, diesen Übergang zu beachten. Was daraufhin genauer zu bedenken bleibt, ist das Zweite: nämlich das, von wo weg der Übergehende geht; das ist die Art, wie es mit dem bisherigen, dem letzten Menschen steht. Als Drittes haben wir zu bedenken, wohin der Übergehende hinübergeht, d.h. in welchen Stand der hinübergehende Mensch zu stehen kommt.

Für uns wird das Erstgenannte, der Übergang, nur deutlich, wenn wir das Zweite und das Dritte, das Woher und das Wohin des hinübergehenden und im Übergang sich wandelnden Menschen bedenken.

Der Mensch, über den der hinübergehende Mensch weg geht, ist der bisherige Mensch. Nietzsche kennzeichnet ihn, insofern er an seine bisherige Wesensbestimmung erinnern will, als das noch nicht fest-gestellte Tier. Darin liegt: homo est animal rationale. Animal bedeutet nicht einfach Lebewesen; ein solches ist auch die Pflanze. Wir können aber nicht sagen, der Mensch sei eine vernünftige Vegetation. Animal bedeutet das Tier, animaliter heißt (z.B. auch bei Augustinus) »tierisch«. Der Mensch ist das vernünftige Tier. Die Vernunft ist das Vernehmen dessen, was ist, und das heißt zugleich immer: was sein kann und sein soll. Vernehmen schließt in sich und zwar stufenweise: das Aufnehmen, das Entgegennehmen, das Vornehmen, das Durch-nehmen, und das heißt Durch-sprechen. Lateinisch heißt durchsprechen: reor; vgl. das griechische εἴρω (Rhetorik); das Vermögen, etwas vor- und durchzunehmen (reri), ist die ratio; animal rationale ist das Tier, das lebt, indem es vernimmt nach der genannten Weise. Das in der Vernunft waltende Vernehmen stellt Ziele her-zu, stellt Regeln auf, stellt Mittel bei und stellt auf die Weisen des Tuns ein. Das Vernehmen der Vernunft entfaltet sich als dieses vielfältige Stellen, das überall und zuerst ein Vor-stellen ist. So könnte man auch sagen: homo est animal rationale: der Mensch ist das vor-stellende Tier. Das bloße Tier, ein Hund z.B., stellt nie etwas vor, er kann nie etwas vor-*sich*-stellen; dazu müßte er, müßte das Tier *sich* vernehmen. Es kann nicht »ich« sagen, es kann überhaupt nicht sagen. Der Mensch dagegen ist nach der Lehre der Metaphysik das vorstellende Tier, dem das Sagenkönnen eignet. Auf dieser, freilich nie ursprünglicher durchdachten Wesensbestimmung des Menschen baut sich dann die Lehre vom Menschen als Person auf, die sich in der Folge theologisch darstellen läßt. Persona meint die Maske des Schauspielers, durch die hindurch sein Sagen tönt. Insofern der Mensch als der Vernehmende vernimmt, was ist, kann er als die persona, die Maske des Seins, gedacht werden.

Nietzsche kennzeichnet den letzten Menschen als denjenigen bisherigen Menschen, der das bisherige Menschenwesen gleichsam in sich verfestigt. Darum bleibt gerade der letzte Mensch am weitesten von der Möglichkeit entfernt, über sich hinweg zu gehen und so sich unter sich zu haben. In der Art des letzten Menschen muß deshalb die Vernunft, das Vorstellen, auf eine eigentümliche Weise verenden und gleichsam sich in sich verfilzen. Das Vorstellen hält sich da nur noch an das jeweils gerade Zu- und Bei-Gestellte und zwar als ein solches, dessen Zustellung im Betreiben und Belieben des menschlichen Vorstellens geregelt und auf die allgemeine Verständlichkeit und Bekömmlichkeit verabredet wird. Zum Erscheinen gelangt alles, was ist, nur insoweit, als es durch dieses sich stillschweigend verabredende

Vorstellen als ein Gegenstand oder als ein Zustand zugestellt und damit erst zugelassen wird. Der letzte Mensch, die endgültige Art des bisherigen Menschen, bringt sich und überhaupt alles, was ist, zum Stand durch eine besondere Art des Vorstellens.

Hören wir aber jetzt, was Nietzsche selbst seinen Zarathustra vom letzten Menschen sagen läßt. Nur Weniges davon sei erwähnt. Es steht in der »Vorrede« zu »Also sprach Zarathustra« (1883, n. 5). Zarathustra hält seine Vorrede auf dem Markt der Stadt, in die er zunächst gelangte, als er vom Gebirge herabgestiegen war. Die Stadt lag »an den Wäldern«. Dort war viel Volk versammelt, weil ihm versprochen war, daß ein Seiltänzer, also ein Hinübergehender, zu sehen sei.

Eines Morgens hatte Zarathustra seinen zehnjährigen Aufenthalt im Gebirge abgebrochen, um sich wieder zu den Menschen hinunter zu begeben. Nietzsche schreibt: »– und eines Morgens stand er mit der Morgenröte auf, trat vor die Sonne hin und sprach zu ihr also:

> ‘Du großes Gestirn! Was wäre dein Glück, wenn du nicht die hättest, welchen du leuchtest!
> Zehn Jahre kamst du hier herauf zu meiner Höhle: du würdest deines Lichtes und dieses Weges satt geworden sein, ohne mich, meinen Adler und meine Schlange.’«

In diesen Worten, die geschichtlich bis in die Mitte der Metaphysik Platons zurückreichen und damit in den Kern des ganzen abendländischen Denkens treffen, liegt der Schlüssel zu Nietzsches Buch »Also sprach Zarathustra« verborgen. Zarathustra stieg allein das Gebirge abwärts. Als er jedoch in die Wälder kam, begegnete er dort einem alten Einsiedler, »der seine heilige Hütte verlassen hatte«. Als Zarathustra nach dem Gespräch mit dem Greis wieder allein war, sprach er zu seinem Herzen: »Sollte es denn möglich sein! Dieser alte Heilige hat in seinem Walde noch nichts davon gehört, daß *Gott tot* ist« (n. 2). Auf dem Markt in der Stadt angekommen, versucht Zarathustra dem Volk unmittelbar »den Übermenschen« als »den Sinn der Erde« zu lehren. Allein das Volk lachte nur über Zarathustra, der erkennen mußte, daß es noch nicht an der Zeit und auch noch nicht die rechte Art sei, sogleich und geradezu vom Höchsten und Zukünftigen zu sprechen, daß es sich empfehle, nur mittelbar und zunächst sogar nur vom Gegenteiligen zu sprechen.

»So will ich ihnen vom Verächtlichsten sprechen: das aber ist der *letzte Mensch*.« Aus dieser Rede über den letzten Menschen, aus der Vorrede zu dem, was Zarathustra in seinen eigentlichen Reden »spricht«, hören wir nur einige Sätze, damit wir sehen, worin die Art des Menschenwesens besteht, von dem weg der Übergang geschehen soll.

> »Und also sprach Zarathustra zum Volke:
>
> ......
>
> Wehe! Es kommt die Zeit, wo der Mensch nicht mehr den Pfeil seiner Sehnsucht über den Menschen hinaus wirft, und die Sehne seines Bogens verlernt hat, zu schwirren!
>
> ......
>
> Wehe! Es kommt die Zeit, wo der Mensch keinen Stern mehr gebären wird. Wehe! Es kommt die Zeit des verächtlichsten Menschen, der sich selber nicht mehr verachten kann.

Seht! Ich zeige euch den *letzten Menschen.*

'Was ist Liebe? Was ist Schöpfung? Was ist Sehnsucht? Was ist Stern?' – so fragt der letzte Mensch und blinzelt.

Die Erde ist dann klein geworden, und auf ihr hüpft der letzte Mensch, der alles klein macht. Sein Geschlecht ist unaustilgbar wie der Erdfloh; der letzte Mensch lebt am längsten.

'Wir haben das Glück erfunden' – sagen die letzten Menschen und blinzeln.«

VII

Hören wir gut hin: »der letzte Mensch lebt am längsten.« Was sagt dies? Daß wir mit der jetzt angebrochenen Herrschaft des letzten Menschen gerade nicht einem Ende und nicht einer Endzeit entgegengehen, daß vielmehr der letzte Mensch von einer seltsamen Dauerfähigkeit sein wird. Worin mag diese gründen? Worin anders als in seiner Wesensart, die zugleich alles bestimmt hinsichtlich der Art und Weise, wie es *ist* und wie jegliches als seiend gilt.

Diese Wesensart beruht für das animal rationale in der Weise, wie es alles, was ist, als seine Gegenstände und als seine eigenen Zustände zum Stehen bringt, vor sich stellt und sich auf dieses Gestellte als die umfassenden Umstände einstellt. Welches ist nun aber diejenige Art des Vorstellens, in der sich der letzte Mensch bewegt? Nietzsche sagt es zwar klar, doch er erörtert das Gesagte nicht weiter in der Richtung der Frage, die wir jetzt stellen. Welches ist die Art des Vorstellens, worin sich die letzten Menschen aufhalten? Die letzten Menschen blinzeln. Was heißt das? »Blinzeln« hängt zusammen mit, »blinken«, »glänzen«, »scheinen«. Blinzeln – das heißt: ein Scheinen und einen Anschein zuspielen und zustellen, auf welchen Anschein man sich als etwas Gültiges verabredet und zwar mit dem wechselseitigen, gar nicht ausdrücklich abgesprochenen Einverständnis, all dem so Zugestellten nicht weiter nachzugehen. Blinzeln: das verabredete und schließlich der Abrede gar nicht mehr bedürftige Sich-zu-stellen der gegenständlichen und zuständlichen Ober- und Vorderflächen von allem als des allein Gültigen und Geltenden, womit der Mensch alles betreibt und abschätzt.

VIII

Der Übermensch ist der Hinübergehende, weg vom bisherigen Menschen, aber weg wohin? Der bisherige Mensch ist der letzte Mensch. Wenn nun aber die Art des Lebewesens »Mensch« im Unterschied zu den übrigen Lebewesen der Erde, Pflanze und Tier, durch das »Rationale« ausgezeichnet ist, die ratio, das Vernehmen und Verrechnen aber im Grunde ein Vorstellen ist, dann muß die besondere Art des letzten Menschen in einer besonderen Art seines Vorstellens beruhen. Nietzsche nennt sie das Blinzeln, ohne daß er dieses in einen ausdrücklichen Bezug zum Wesen des Vorstellens bringt, ohne daß Nietzsche dem Wesensbereich und vor allem der Wesensherkunft des Vorstellens nachfragt. Gleichwohl müssen wir dem von Nietzsche gebrauchten Namen für dieses Vorstellen, dem Blinzeln, gemäß dem Zusammenhang, in dem es steht, sein volles Gewicht lassen. Wir dürfen das Blinzeln nicht mit dem bloß äußerlich genommenen und beiläufigen Augenzwinkern gleichsetzen, womit man sich bei besonderen Gelegenheiten zu verstehen gibt, daß man das Gesagte und Geplante und überhaupt das, was sich begibt, im Grunde nicht mehr ernst nimmt. Dieses Augenzwinkern kann nämlich nur deshalb sich ausbreiten, weil bereits alles Vorstellen in sich den Charakter des Blinzelns hat. Das Vorstellen stellt allem nur das Blinkende, das Scheinende des vorder- und oberflächigen Anscheines zu und vor. Nur das so Vor-gestellte und jeweils so Be-stellte steht in Geltung. Diese Art des Vorstellens entsteht nicht erst durch das Blinzeln, sondern umgekehrt: das Blinzeln ist bereits eine Folge des vordem schon herrschenden Vorstellens. Welchen Vorstellens? Es ist jenes Vor-Stellen, das den metaphysischen Grund des Weltalters ausmacht, das man die Neuzeit nennt, die jetzt nicht zu Ende geht, sondern gerade erst beginnt, insofern das in ihr waltende Sein erst jetzt in das vorgesehene Ganze des Seienden sich entfaltet. Dieser metaphysische Grund der Neuzeit läßt sich in wenigen Sätzen nicht darlegen. Ich verweise dafür auf einen Vortrag, den ich im Jahre 1938 von dieser Stelle aus gehalten habe und der in den »Holzwegen« S. 69–104 unter dem Titel »Die Zeit des Weltbildes« veröffentlicht ist.

»'Wir haben das Glück erfunden' – sagen die letzten Menschen und blinzeln.«

Wir werden von allen Seiten her mit Hilfe unserer Soziologie, Psychologie und Psychotherapie und mit noch einigen anderen Mitteln dafür sorgen, daß demnächst alle Menschen auf die gleiche Weise in den gleichen Zustand des gleichen Glückes gestellt werden und die Gleichheit der Wohlfahrt aller sichergestellt wird. Aber dieser Erfindung des Glückes zum Trotz werden die Menschen von einem Weltkrieg in den nächsten gejagt. Man blinzelt den Völkern zu, der Friede sei die Beseitigung des Krieges. Indessen könne allerdings der Friede, der den Krieg beseitigt, nur durch einen Krieg gesichert werden. Gegen diesen Kriegsfrieden wiederum wird aber eine Friedensoffensive eröffnet, deren Angriffe sich kaum als friedlich bezeichnen lassen. Der Krieg: die Sicherung des Friedens; aber der Friede: die Beseitigung des Krieges. Wie soll der Friede durch das gesichert werden, was er beseitigt? Hier ist etwas im tiefsten Grunde aus den Fugen geraten, oder vielleicht ist es noch nie in den Fugen gewesen. Währenddessen bleiben aber »Krieg« und »Frieden« wie zwei Hölzer, die die Wilden fortgesetzt aneinander reiben, um Feuer zu schlagen. Währenddessen muß der letzte Mensch sich in einem Vorstellen bewegen, durch das über alles nur geblinzelt wird und nur geblinzelt werden kann zufolge eines unheimlichen Geschickes, das dem modernen Menschen verwehrt, über sich und seine Art des Vorstellens hinauszusehen. Darum sucht er notgedrungen in seiner Art des Vorstellens, im Blinzeln, die Form der Maßnahmen, die eine Weltordnung schaffen sollen. Sind die Kongresse und Konferenzen, die Ausschüsse und Nebenausschüsse etwas anderes als die blinzelnde Organisation der blinzelnden Verabredung des Mißtrauens und der Hinterhalte? Jede Entscheidung innerhalb dieses Vorstellens trägt ihrem Wesen nach zu kurz. Zugleich kann doch der Mensch nicht im Entscheidungslosen sich zu einer Scheinruhe und Sicherheit niederlassen. Gleichwohl bleibt der Grund dieser Zerrissenheit des Menschen im Schatten eines unheimlichen Weltgeschickes verhüllt. Die Verhüllung selbst wird noch durch die Vormacht des Öffentlichen zugedeckt, so daß der Riß dieser Zerrissenheit den Menschen in seinem Wesen noch nicht erreicht trotz des unsäglichen Leides, trotz der Not, die allzu viele ertragen. Der aus dem Riß dessen, was ist, aufsteigende Schmerz erreicht den Menschen noch nicht in seinem Wesen. Wie hieß es doch in der ersten Stunde dieser Vorlesung? »Schmerzlos sind wir ...«

Sollte nach all dem Gesagten dieses blinzelnde Vorstellen selber schon außerhalb der bloßen Willkür oder gar Nachlässigkeit der Menschen liegen? Sollte in diesem Vorstellen ein eigenartiges, über den Menschen hinweggreifendes Verhältnis vorwalten zu dem, was ist? Sollte dieses Verhältnis von einer Art sein, daß es dem Menschen verweigert, das Sein in seinem Wesen sein zu lassen?

Sollte dieses Vorstellen jeweils das, was ist, das Seiende zwar vor sich stellen, aber dabei doch im Grunde sich allem, was ist und wie es ist, widersetzen? Sollte dieses Vorstellen dem, was es sich zustellt, im Grunde nachstellen, um es herabzusetzen und zu zersetzen? Welches ist die Denkungsart, die alles so vor-stellt, daß sie allem im Grunde nachstellt? Welches ist der Geist dieses Vorstellens? Welche Art Denken ist es, die allem auf solche Weise nachdenkt? Welcher Art ist das Nachdenken des bisherigen Menschen?

Nietzsche gibt uns eine Antwort auf unsere Frage nach demjenigen Vorstellen, das alles Blinzeln des letzten Menschen im vorhinein durchherrscht. Sie steht im drittletzten Stück des zweiten Teiles von »Also sprach Zarathustra« (1883). Dieses ist überschrieben »Von der Erlösung«. Hier heißt es:

»*Der Geist der Rache*: meine Freunde, das war bisher der

Menschen bestes Nachdenken; und wo Leid war, da sollte immer Strafe sein.«

Rache, rächen, wreken, urgere heißt: stoßen, treiben, verfolgen, nachstellen. Das Nachdenken, das Vor-stellen des bisherigen Menschen ist durch die Rache, durch das Nachstellen bestimmt. Wenn nun aber Nietzsche vom bisherigen Menschen und dessen Vorstellen weg- und hinübergehen will zu einem anderen und höheren Menschen, welches ist dann die Brücke, die auf den Weg eines Hinübergehens führt? Worauf denkt Nietzsche dann, wenn er diese Brücke sucht, um vom letzten Menschen weg hinüber zum Übermenschen zu gelangen? Was ist es, was dieser Denker eigentlich und einzig dachte, auch dann dachte, wenn er es nicht bei jeder Gelegenheit und nicht jedesmal in der gleichen Weise aussprach? Nietzsche gibt die Antwort auf unsere Frage in dem selben zweiten Teil von »Also sprach Zarathustra«, in dem Stück »Von den Taranteln«. Hier läßt er Zarathustra sagen:

»Denn *daß der Mensch erlöst werde von der Rache*: das ist mir die Brücke zur höchsten Hoffnung und ein Regenbogen nach langen Unwettern.«

IX

Nietzsches Denken gilt der Erlösung vom Geist der Rache. Sein Denken gilt einem Geist, der als Freiheit von der Rache vor jeder bloßen Verbrüderung, aber auch vor allem Nur-bestrafen-wollen, vor aller Friedensbemühung und vor jedem Betreiben des Krieges liegt, vor dem Geist, der die Pax, den Frieden, durch Pakte begründen und sichern will. Der Raum dieser Freiheit von der Rache liegt ebenso vor jedem Pazifismus wie vor jeder Gewaltpolitik. Er liegt ebenso vor jedem schwächlichen Gleitenlassen der Dinge und dem Sichdrücken um das Opfer, wie vor dem blinden Handeln um jeden Preis. Im Raum der Freiheit von der Rache sieht Nietzsche das Wesen des Übermenschen. Auf diesen Raum geht der Hinübergehende zu – der Übermensch, *»Caesar mit der Seele Christi«*.

Dem Geist der Freiheit von der Rache gilt Nietzsches angebliche Freigeisterei. Wenn wir auch nur im Ungefähren diesen Grundzug seines Denkens beachten, muß das bisherige Bild von Nietzsche, das bereits in das gängige Meinen eingedrungen ist, in sich zerfallen.

Wir versuchen, den Weg des Hinübergehenden und somit den Übergang vom letzten Menschen zum Übermenschen zu kennzeichnen. Wir fragen nach der Brücke vom einen zum anderen. Die Brücke ist nach dem eigenen Wort Nietzsches die Erlösung von der Rache.

Nun könnte man meinen, die Frage nach der Rache und die nach der Erlösung von ihr sei eine Sonderfrage der Moral und der moralischen Erziehung; die Zergliederung jedoch der Rachsucht als des Grundzugs des bisherigen Menschen, des bisherigen Denkens sei eine Aufgabe der »Psychologie«. In der Tat bewegen sich Nietzsches Erörterungen dem Wortlaut und sogar den Titeln nach in den überlieferten Vorstellungsbezirken der Moral und der Psychologie. Der Sache nach denkt jedoch Nietzsche das, was unter die Titel »Moral« und »Psychologie« fällt, überall von der Metaphysik her, d. h. im Hinblick auf die Frage, wie das Sein des Seienden im Ganzen sich bestimme und den Menschen angehe. »Moral« und »Psychologie« sind im Metaphysischen gegründet. Zur Rettung des Menschenwesens vermag die Psychologie für sich genommen, auch als Psychotherapie, nichts; Moral vermag als bloße Lehre und Forderung nichts, wenn nicht der Mensch zuvor in ein anderes Grundverhältnis zum Sein gelangt, wenn der Mensch nicht von sich aus, soweit es an ihm liegen darf, sich dahin aufmacht, sein Wesen überhaupt erst einmal offen zu halten in die wesenhaften Bezüge zum Sein, gleichviel, ob dieses sich ihm eigens zuspricht oder den Menschen noch sprachlos, weil schmerzlos sein läßt. Aber schon dann, wenn wir auch nur dieses »sprachlos und schmerzlos sind wir« durch- und austragen, sind wir im Wesen schon offen für den Anspruch des Seins. Aber selbst diese Offenheit für das Sein, die das Denken vorbereiten kann, vermag für sich nichts zur Rettung des Menschen. Für diese ist die eigentliche Offenheit des Bezugs zum Sein zwar notwendige, aber keine hinreichende Bedingung. Doch gerade dann, wenn das Denken bei seinem Leisten bleibt, nämlich den Nebel gegenüber dem Seienden als solchem aufzureißen, muß es darauf denken, daß dieser Riß nicht überdeckt wird. Hegel hat dies einmal, wenngleich in der bloß metaphysischen Hinsicht und Dimension, so ausgedrückt: »Ein geflickter Strumpf besser als ein zerrissener; nicht so das Selbstbewußtsein«. Der gesunde, auf den Nutzen gerichtete Menschenverstand steht auf der Seite des »geflickten« Strumpfes. Die Besinnung auf den Bereich dagegen, worin das Seiende sich zeigt – er ist für die neuzeitliche Philosophie die Subjektivität –, steht auf der Seite der Zerrissenheit – nämlich des Bewußtseins. Dieses Zerrissene ist durch seinen Riß offen für den Einlaß des Absoluten. Für das Denken gilt: Die Zerrissenheit hält den Weg offen in das Metaphysische.

In den weitesten Bereich der Metaphysik müssen wir Nietzsches Denken über die Rache und die Erlösung von der Rache zum voraus verlegen, ja sogar in den Kernbezirk dieses Bereiches. Ein Hinweis darauf muß hier notgedrungen im Groben verbleiben und im ständigen Bezug zu dem Wort von der wachsenden Wüste.

Wir gelangen mit einem solchen Hinweis freilich auf Schritt und Tritt und d.h. bei jedem Satz in ein schwieriges Gelände, das jedoch nicht abseits in den fast luftleeren Räumen toter Begriffe und ausschweifender Abstraktionen liegt. Dieses Gelände liegt in einem Land, auf dessen Boden sich alle Bewegungen unseres modernen Zeitalters vollziehen. Daß man diesen Boden, geschweige denn das Land nicht sieht oder besser gesagt, nicht sehen will, ist noch kein Beweis dafür, daß sie nicht sind.

Um zu erkennen, daß und inwiefern Nietzsche die Rache und die Erlösung von der Rache im vorhinein metaphysisch denkt, d.h. aus dem Sein, das alles Seiende bestimmt, müssen wir darauf achten, in welcher Wesensprägung das Sein des Seienden in der Epoche der Neuzeit erscheint. Die gemeinte Wesensprägung des Seins kommt in einer klassischen Form durch wenige Sätze zur Sprache, die Schelling im Jahre 1809 in seinen »Philosophischen Untersuchungen über das Wesen der menschlichen Freiheit und die damit zusammenhängenden Gegenstände« niedergelegt hat. Die folgenden drei Sätze sind im Text gegen das Voraufgehende ausdrücklich durch einen Gedankenstrich abgesetzt und dadurch noch eigens in ihrer grundsätzlichen Bedeutung herausgehoben. Die Sätze lauten:

»Es gibt in der letzten und höchsten Instanz gar kein anderes Sein als Wollen. Wollen ist Ursein, und auf dieses allein [nämlich das Wollen] passen alle Prädikate desselben [nämlich des Urseins]: Grundlosigkeit, Ewigkeit, Unabhängigkeit von der Zeit, Selbstbejahung. Die ganze Philosophie strebt nur dahin, diesen höchsten Ausdruck zu finden« (WW. Abt. I, Bd. VII, 350 Ende).

Schelling findet die Prädikate, die das Denken der Metaphysik von altersher dem Sein zuspricht, nach ihrer letzten und höchsten und somit vollendeten Gestalt im Wollen. Der Wille dieses Wollens ist jedoch hier nicht gemeint als Vermögen der menschlichen Seele, sondern das Wort »Wollen« nennt hier das Sein des Seienden im Ganzen. Jedes Seiende und das Seiende im Ganzen hat das Vermögen seines Wesens im Willen und durch den Willen. Das klingt für uns befremdlich; es bleibt auch befremdlich, solange uns die wesentlichen und einfachen Gedanken der abendländischen Metaphysik fremd bleiben, d. h. solange wir die Gedanken nicht denken, sondern immer nur über sie berichten. Man kann z. B. die Aussagen von Leibniz über das Sein des Seienden auf das genaueste historisch feststellen und gleichwohl nicht das mindeste von dem erkennen, was er dachte, als er das Sein des Seienden von der Monade aus und diese als Einheit von perceptio und appetitus, als Einheit von Vorstellen und Anstreben bestimmte. Was Leibniz hier denkt, kommt bei Kant und Fichte als der Vernunftwille zur Sprache, dem Hegel und Schelling, jeder auf seinem Weg, nachdenken. Das Selbe nennt und meint Schopenhauer, wenn er die Welt als Wille und Vorstellung denkt; das Selbe denkt Nietzsche, wenn er das Ursein des Seienden als Wille zur Macht bestimmt. Daß hier überall durchgängig das Sein des Seienden als Wille erscheint, beruht nicht auf Ansichten, die einige Philosophen vom Sein sich bilden. Was dieses Erscheinen des Seins als Wille bedeutet, das kann man durch keine Gelehrsamkeit ausfindig machen. Es läßt sich nur durch ein Denken erfragen und nur denkend in seiner Fragwürdigkeit würdigen und d.h. als Gedachtes im Gedächtnis bewahren.

Das Sein des Seienden erscheint für die neuzeitliche Metaphysik als Wille. Insofern aber der Mensch seinem Wesen nach als das denkende Tier vorstellenderweise auf das Seiende in seinem Sein und damit auf dieses bezogen und dadurch vom Sein her bestimmt wird, muß diesem Bezug des Seins (d.h. jetzt des Willens) zum Menschenwesen gemäß auch das Menschsein auf betonte Weise als ein Wollen erscheinen.

Wie denkt nun Nietzsche das Wesen der Rache, wenn er sie metaphysisch denkt? Wir erläutern die Frage durch die folgende: Welchen Wesens ist die Rache, wenn sie als Nachstellen alles Vorstellen bestimmt? Das Vor-stellen stellt das zu, was ist. Es stellt und setzt fest, was als seiend gelten darf. Die Bestimmung dessen, was ist, steht so in gewisser Weise unter der Botmäßigkeit eines Vorstellens, das allem nachstellt, um es nach seiner Weise aufzustellen und im Stand zu halten.

Als das, was ist, gilt von altersher das Anwesende. Wie aber steht es mit dem Vorstellen dessen, was in gewisser Weise nicht mehr ist und doch noch ist? Wie steht es mit dem Vorstellen dessen, was war? An dem »es war« stößt sich das Vorstellen und sein Wollen. Gegenüber dem, was »war« kann das Wollen nichts mehr ausrichten. Gegenüber allem »es war« hat das Wollen nichts mehr zu bestellen. Dieses »es war« widersetzt sich dem Wollen des genannten Willens. Das »es war« wird zum Stein des Anstoßes für alles Wollen. Es ist derjenige Stein, den der Wille nicht mehr wälzen kann. So wird das »es war« zur Trübsal und zum Zähneknirschen jeden Wollens, das, als ein solches, immer vorwärts will und gerade dies nicht kann gegenüber dem, was als vergangen fest- und zurückliegt. Das »es war« ist so das Widrige für alles Wollen. Darum steht im Willen selber angesichts dieses Widrigen der Widerwille auf gegen das »es war«. Durch diesen Widerwillen nistet sich aber das Widrige im Wollen selbst ein. An diesem Widrigen in ihm selbst trägt das Wollen schwer; es leidet an diesem Widrigen, d.h. der Wille leidet an sich selber. Das Wollen erscheint sich selber als dieses Leiden an dem »es war«, als das Leiden am Vergangenen. Doch das Vergangene entstammt dem Vergehen. Insofern der Wille am Vergehen leidet, als dieses Leiden jedoch gerade er selbst, nämlich der Wille ist, bleibt der Wille in seinem Wollen dem Vergehen überantwortet. Der Wille will so das Vergehen selbst. Er will damit das Vergehen seines Leidens und somit das Vergehen seiner selbst. Der Widerwille gegen alles »es war« erscheint als der Wille zum Vergehen, der will, daß alles wert sei, daß es vergehe. Der im Willen erstehende Widerwille ist so der Wille gegen alles, was vergeht, d.h. was entsteht, was aus Entstehen zu einem Stand kommt und besteht. Der Wille ist so ein Vorstellen, das allem, was geht und steht und kommt, im Grunde nachstellt, um es in seinem Stand herabzusetzen und schließlich zu zersetzen. Dieser Widerwille im Willen selber ist nach Nietzsche das Wesen der Rache.

»Dies, ja dies allein ist *Rache* selber: des Willens Widerwille gegen die Zeit und ihr 'Es war'.« (Also sprach Zarathustra, II. Teil, Von der Erlösung)

Aber die Rache nennt sich niemals selbst bei ihrem eigenen Namen, am wenigsten dort, wo sie sich gerade rächt. Die Rache nennt sich »Strafe«. Sie setzt dadurch ihr feindseliges Wesen in den Schein des Rechtes. Sie verdeckt ihr widerwilliges Wesen durch den Schein der Zuweisung des Verdienten.

»'Strafe' nämlich, so heißt sich die Rache selber: mit einem Lügenwort heuchelt sie sich ein gutes Gewissen« (a.a.O.).

Inwiefern hinter diesen Aussagen Nietzsches über Rache und Strafe, Rache und Leid, Rache und Erlösung von der Rache die unmittelbare Auseinandersetzung mit Schopenhauer steht und mittelbar diejenige mit allen weltverneinenden Haltungen, ist hier nicht zu erörtern. Unser Augenmerk müssen wir auf anderes richten, damit wir die Tragweite des Gedankens von der Rache überblicken und von hier aus erkennen, wo Nietzsche die Erlösung von der Rache eigentlich sucht. So werden die Grenzen sichtbar, innerhalb deren Nietzsche die Rache denkt. Hierdurch erst verdeutlicht sich der Bereich seines Denkens im ganzen. So muß sich dann zeigen, inwiefern Nietzsche doch das Sein des Seienden im Ganzen bedenkt, wenn er von der Rache spricht. Es muß sich zeigen, daß Nietzsche überhaupt nichts anderes bedenkt als das Sein des Seienden, wenn er den Geist der Rache und die Erlösung von der Rache bedenkt. Ist all dem so, dann führt uns Nietzsches Frage nach der Rache, recht bedacht, in die Grundstellung seines Denkens, d.h. in den Kernbezirk seiner Metaphysik. Gelangen wir dahin, dann sind wir in dem Bereich, aus dem das Wort: »Die Wüste wächst ...« gesprochen ist. Wenn der Geist der Rache aber alles bisherige Denken bestimmt, dieses Denken jedoch in seinem Wesen Vor-stellen ist, dann muß sich von hier aus eine weite Sicht auf das Wesen des Vorstellens auftun. Der Ausblick wird frei auf das, worin sich das bisherige Denken bewegt, auch noch das Denken Nietzsches.

Um zu sehen, wie weit Nietzsches Gedanke von der Rache metaphysisch trägt, oder besser gesagt, getragen wird, ist es nötig, zu beachten, wie er das Wesen der Rache sieht und bestimmt. Nietzsche sagt:

»Dies, ja dies allein ist *Rache* selber: des Willens Widerwille gegen die Zeit und ihr 'Es war'.«

Daß eine Kennzeichnung der Rache auf das Widerwärtige und Widersetzliche an ihr und somit auf das Widerwillige abhebt, scheint die Sache zu fordern. Aber Nietzsche denkt weiter. Er sagt nicht einfach: Rache ist Widerwille, so wie wir den Haß als etwas Widersetzliches und Herabsetzendes kennzeichnen. Nietzsche sagt: Rache ist des Willens Widerwille. Indessen wurden wir schon darauf hingewiesen, daß Wille in der Sprache der neuzeitlichen Metaphysik nicht nur das menschliche Wollen meint, sondern daß »Wille« und »Wollen« der Name für das Sein des Seienden im Ganzen ist. Nietzsches Kennzeichnung der Rache als »des Willens Widerwille« trägt diese in den Bezug zum Sein des Seienden. Daß dem so ist, wird vollends klar, wenn wir darauf achten, wogegen des Willens Widerwille eigentlich will: Rache ist: des Willens Widerwille gegen die Zeit und ihr »Es war«.

Beim ersten, auch beim zweiten und noch beim dritten Lesen dieser Wesensbestimmung der Rache wird man die Beziehung der Rache auf »die Zeit« für überraschend, für unverständlich und schließlich für willkürlich halten. Man muß dies sogar. Man muß es so lange, als man außer acht läßt, einmal: wohin hier das Wort »Wille« weist, sodann:

was hier der Name »Zeit« meint. Doch Nietzsche gibt selbst die Antwort auf die Frage, wie er das Wesen der Zeit denkt. Nietzsche sagt: Rache ist »des Willens Widerwille gegen die Zeit und ihr 'Es war'.« Wir müssen diesen Satz Nietzsches so sorgfältig durchdenken, als hätten wir einen Satz des Aristoteles vor uns. Und wir haben sogar, was die Wesensbestimmung der Zeit betrifft, einen Satz des Aristoteles vor uns. Gewiß hat Nietzsche sich dessen nicht erinnert, als er den Satz niederschrieb. Die Bemerkung soll auch nicht sagen, Nietzsche sei von Aristoteles abhängig. Ein Denker hängt nicht von einem Denker ab, sondern er hängt, wenn er denkt, dem zu-Denkenden, dem Sein, an. Und nur insoweit er dem Sein anhängt, kann er für das Einfließen des schon Gedachten der Denker offen sein. Es bleibt darum das ausschließliche Vorrecht der größten Denker, sich beeinflussen zu lassen. Die Kleinen dagegen leiden lediglich an ihrer verhinderten Originalität und verschließen sich deshalb dem weither kommenden Ein-Fluß. Nietzsche sagt: Rache ist »des Willens Widerwille gegen die Zeit ...« Es heißt nicht: gegen etwas Zeitliches; es heißt nicht: gegen einen besonderen Charakter an der Zeit, sondern es heißt schlechthin: Widerwille gegen die Zeit. Allerdings folgen sogleich die Worte nach: »gegen die Zeit und ihr 'Es war'.« Dies besagt doch: und gegen das 'Es war' an der Zeit. Man wird darauf hinweisen, daß zur Zeit nicht nur das »es war« gehört, sondern auch das »es wird sein« und auch das »es ist jetzt«. Gewiß. Zur Zeit gehört nicht nur Vergangenheit, sondern auch Zukunft und Gegenwart. Also meint Nietzsche, wenn er auf das »es war« abhebt, die Zeit doch in einer besonderen Hinsicht und keineswegs »die« Zeit als solche schlechthin. Aber wie ist es mit »der

Zeit«? Sie ist doch kein Paket, worin Vergangenheit, Zukunft und Gegenwart nur zusammengepackt sind. Die Zeit ist kein Pferch, in den das »nicht mehr jetzt«, das »noch nicht jetzt« und das »jetzt« zusammengesperrt sind. Wie steht es mit »der« Zeit? Es steht so mit ihr, daß sie geht. Und sie geht, indem sie vergeht. Das Gehen der Zeit ist freilich ein Kommen, aber ein Kommen, das geht, indem es vergeht. Das Kommende der Zeit kommt nie, um zu bleiben, sondern um zu gehen. Das Kommende der Zeit ist immer schon mit dem Zeichen des Vorbeigehens und des Vergehens gezeichnet. Darum gilt das Zeitliche schlechthin als das Vergängliche. Darum nennt das »Es war« nicht nur einen Abschnitt der Zeit neben den beiden anderen, sondern: die eigentliche Mitgift, die die Zeit vergibt und hinterläßt, ist das Vergangene, das »Es war«. Die Zeit vergibt nur das, was sie hat. Und sie hat nur das, was sie selber ist.

Wenn Nietzsche also sagt: Rache ist »des Willens Widerwille gegen die Zeit und ihr 'Es war'«, dann hebt er mit dem »Es war« nicht eine vereinzelte Bestimmung von der Zeit ab, sondern er kennzeichnet die Zeit im Hinblick auf das, was sie in ihrem ganzen Zeitwesen auszeichnet. Das ist das Vergehen. Mit dem »und« in der Wendung »die Zeit und ihr 'Es war'« leitet Nietzsches Satz nicht zur bloßen Anfügung von etwas Besonderem über, sondern dieses »und« bedeutet hier soviel wie: »und das heißt«. Rache ist des Willens Widerwille gegen die Zeit und das heißt: gegen das Vergehen und dessen Vergangenes.

Diese Kennzeichnung der Zeit als Vergehen, als Ab-Fließen des Nacheinander, als An- und Wegrollen jedes »jetzt«, aus dem »noch nicht 'jetzt'« in das »nicht mehr 'jetzt'« und demzufolge die Kennzeichnung des Zeitlichen als des Vergänglichen – dies alles in einem prägt die in der gesamten Metaphysik des Abendlandes geläufige Vorstellung von »der« Zeit.

X

Woher stammt nun aber diese langher geläufige Vorstellung von der Zeit als dem Vergehen, vom Zeitlichen als dem Vergänglichen? Ist diese Kennzeichnung der Zeit wie etwas Absolutes vom Himmel gefallen? Ist sie selbstverständlich, nur weil sie längst geläufig ist? Wie kam denn diese Vorstellung von der Zeit ins Laufen? Wie gelangte sie in den Umlauf des abendländischen Denkens?

Es ist Zeit, es ist an der Zeit, diesem Wesen der Zeit und seiner Herkunft endlich nachzudenken, damit wir dorthin gelangen, wo sich zeigt, daß in aller Metaphysik etwas Wesenhaftes, nämlich ihr eigener Grund, ungedacht bleibt. Das ist der Grund, dessentwegen wir sagen müssen, daß wir noch nicht eigentlich denken, solange wir nur metaphysisch denken. Wenn die Metaphysik nach dem Wesen der Zeit fragt, wird sie vermutlich und muß sie doch wohl in der Weise fragen, die ihrer Art zu fragen überhaupt gemäß ist. Die Metaphysik fragt: τί τὸ ὄν; (Aristoteles): was ist das Seiende? Ausgehend vom Seienden fragt sie nach dem Sein des Seienden. Was ist am Seienden seiend? Worin besteht am Seienden dessen Sein? Mit Bezug auf die Zeit besagt dies: was ist an der Zeit eigentlich seiend? Dieser Fragestellung entsprechend wird die Zeit als etwas, das doch irgendwie *ist,* als etwas Seiendes vorgestellt und so auf ihr Sein hin befragt. Diese Fragestellung hat Aristoteles in seiner »Physik« Δ 10–14 auf eine klassische Weise entwickelt. Die Antwort, die Aristoteles auf die von ihm gestellte Frage nach dem Wesen der Zeit gibt, bestimmt auch noch Nietzsches Zeitvorstellung. Auf die aristotelische Grundvorstellung von der Zeit, die im griechischen Denken vorgezeichnet ist, gründen sich alle nachfolgenden Zeitauffassungen. Dies schließt nicht aus sondern ein, daß sich bei den einzelnen Denkern, z. B. bei Plotin, bei Augustinus, bei Leibniz, bei Kant, bei Hegel, bei Schelling, verschiedene Auslegungsrichtungen desselben Sachverhaltes geltend machen. Wie verhält sich die Sache der Zeit? Was ist an der Zeit seiend? Sobald das metaphysische Denken diese Frage stellt, hat sich für dieses Denken bereits entschieden, was es unter »seiend« versteht, in welchem Sinn es das Wort »sein« denkt. »Seiend« heißt: anwesend. Seiendes ist um so seiender, je anwesender es ist. Es wird je und je anwesender, je bleibender es bleibt, je währender das Bleiben ist. Was ist an der Zeit anwesend und damit gegenwärtig? Gegenwärtig ist an der Zeit je nur das »jetzt« (νῦν, nunc). Das Künftige *ist* das »noch nicht jetzt«; das Vergangene *ist* das »nicht mehr jetzt«. Das Künftige ist das noch Abwesende, das Vergangene ist das bereits Abwesende. Seiend: anwesend an der Zeit ist je nur der schmale Grat des jeweiligen flüchtigen »jetzt«, das aus dem »noch nicht jetzt« herankommend in das »nicht mehr jetzt« weg geht. Daß man heute im Sport z. B. mit Zehntel von Sekunden, in der modernen Physik aber mit Millionstel von Sekunden rechnet, heißt nicht, daß wir die Zeit dadurch schärfer fassen und so die Zeit gewinnen, sondern dieses Rechnen ist der sicherste Weg, die wesenhafte Zeit zu verlieren, d. h. immer weniger Zeit zu »haben«. Genauer gedacht: der wachsende Zeitverlust ist nicht durch dieses Rechnen mit der Zeit verursacht, sondern: dieses Rechnen mit der Zeit begann in dem Augenblick, da der Mensch plötzlich in die Un-Ruhe kam, daß er keine Zeit mehr hatte. Dieser Augenblick ist der Beginn der Neuzeit.

Was ist an der Zeit seiend, anwesend? Das jeweilige »jetzt«. Aber das je jetzige »jetzt« west an, indem es vergeht. Zukünftiges und Vergangenes sind *Nicht*-Anwesendes, solches, von dem man nie einfach sagen darf, es wese an. Das Künftige und das Vergangene sind nach Aristoteles darum ein μὴ ὄν τι, also kein οὐκ ὄν, keinesfalls ein völlig Nichtseiendes, wohl aber solches, dem es an Anwesen mangelt. Genau das Selbe sagt Augustinus z. B. in einer Erklärung des 38. Psalms, wo es heißt: Nihil de praeterito revocatur: quod futurum est transiturum exspectatur (Nichts wird vom Vergangenen zurückgerufen, was Künftiges ist, wird als Vorbeigehendes erwartet). Und hernach, an der gleichen Stelle, heißt es fast wörtlich aristotelisch von der Zeit: et est et non est (Opp. ed. Migne IV,419). Das Wesen der Zeit wird hier vom Sein her vorgestellt und zwar, was wohl zu beachten bleibt, von einer durchaus besonderen Auslegung des »Seins«, nämlich als Anwesenheit. Diese Auslegung des Seins ist uns längst als geläufige selbstverständlich geworden.

Weil Sein für alle Metaphysik seit dem Anfang des abendländischen Denkens besagt: Anwesenheit, muß das Sein, wenn es in höchster Instanz gedacht werden soll, als das reine Anwesen gedacht werden, d. h. als die anwesende Anwesenheit, als die bleibende Gegenwart, als das ständige stehende »jetzt«. Das mittelalterliche Denken sagt: nunc stans. Das aber ist die Auslegung des Wesens der Ewigkeit.

Denken wir jetzt für einen Augenblick an die Erläuterung, die Schelling dem Satz: »Wollen ist Ursein« anfügt. Darin heißt es, die Prädikate des Urseins seien unter anderem »Ewigkeit, Unabhängigkeit von der Zeit«.

Wenn in aller Metaphysik das Sein als Ewigkeit und Unabhängigkeit von der Zeit gedacht wird, dann heißt dies nichts anderes als: das Seiende ist in seinem Sein unabhängig von der Zeit, Zeit im Sinne des Vergehens vorgestellt. Das Vergängliche kann nicht der Grund des Ewigen sein. Zum eigentlich Seienden in seinem Sein gehört Unabhängigkeit von der Zeit im Sinne des Vergehens. Aber wie steht es mit der hier nicht weiter bedachten Bestimmung des Seins selbst als Anwesenheit und gar als anwesender Anwesenheit? Wie steht es mit dem Sein als Anwesenheit, von dem her doch die Zeit als das Vergehen und sogar die Ewigkeit als gegenwärtiges »jetzt« vorgestellt sind? Waltet in dieser Bestimmung des Seins nicht der Hinblick auf Anwesenheit, Gegenwart, also auf Zeit und zwar auf ein Wesen der Zeit, das wir freilich nie mit Hilfe des überlieferten Zeitbegriffes auch nur ahnen, geschweige denn denken können? Wie steht es also mit Sein und Zeit? Muß nicht das eine und das andere, Sein sowohl wie Zeit zumal, müssen nicht beide in ihrem Bezug fraglich, allererst fraglich und endlich fragwürdig werden? Zeigt sich dann aber nicht, daß im innersten Kern dessen, was als die Leitbestimmung aller abendländischen Metaphysik gilt, im Wesen des Seins etwas Wesenhaftes ungedacht geblieben ist? Durch die Frage »Sein und Zeit« ist auf das Ungedachte in aller Metaphysik gewiesen. Auf diesem Ungedachten beruht die Metaphysik; das in ihr Ungedachte ist darum kein Mangel der Metaphysik. Noch weniger läßt sich die Metaphysik deshalb, weil sie auf diesem Ungedachten beruht, für falsch erklären oder gar als ein Irrgang, ein Irrweg zurückweisen.

Die Rache ist für Nietzsche des Willens Widerwille gegen die Zeit. Dies sagt jetzt: die Rache ist des Willens Widerwille gegen das Vergehen und sein Vergangenes, gegen die Zeit und ihr »Es war«. Der Widerwille geht nicht gegen das bloße Vergehen, sondern gegen das Vergehen, insofern es das Vergangene nur noch vergangen sein, es in die Erstarrung dieses Endgültigen einfrieren läßt. Der Widerwille der Rache geht gegen die Zeit, insofern sie alles in das »Es war« aufgehen läßt und so das Gehen vergehen läßt. Der Widerwille der Rache richtet sich nicht gegen das bloße Gehen der Zeit, sondern gegen ihr Vergehenlassen des Gehens im Vergangenen, gegen das »Es war«. An dieses »Es war« bleibt der Widerwille der Rache gekettet; so wie auch in allem Haß sich die abgründigste Abhängigkeit von dem verbirgt, wovon der Haß sich im Grunde ständig unabhängig machen möchte, was er jedoch nie kann und immer weniger kann, je mehr er haßt.

Was ist aber dann die Erlösung von der Rache, wenn die Rache den Menschen an das verfestigte Vergangene kettet? Die Erlösung ist die Lösung von dem, was dem Widerwillen der Rache zuwider ist. Die Erlösung von der Rache ist nicht die Befreiung vom Willen überhaupt. In diesem Falle führt die Erlösung als Aufhebung des Wollens, da der Wille das Sein ist, in das nichtige Nichts. Die Erlösung von der Rache ist die Befreiung vom Widrigen für den Willen, damit er gerade erst Wille sein kann.

Wann ist das, was für den Willen das Widrige bleibt, das »Es war«, beseitigt? Nicht dann, wenn es überhaupt kein

Vergehen mehr gibt. Die Zeit läßt sich für den Menschen nicht beseitigen. Wohl aber schwindet das Widrige für den Willen dann, wenn das Vergangene nicht im bloßen »Es war« erstarrt und als dieses Starre unbeweglich dem Wollen entgegen starrt. Das Widrige verschwindet, wenn das Vergehen kein bloßes Vergehenlassen ist, wodurch das Vergangene in das bloße »Es war« versinkt. Der Wille wird frei von diesem Widrigen, wenn er als Wille frei wird, d.h. frei für das Gehen im Vergehen, aber für ein solches Gehen, das dem Willen nicht entgeht, sondern wieder kommt, indem es das Gegangene wiederbringt. Der Wille wird frei vom Widerwillen gegen die Zeit, gegen ihr bloß Vergangenes, wenn er von allem das Gehen und das Kommen, wenn er von allem dies Gehen und Wiederkommen ständig will. Der Wille wird frei vom Widrigen des »Es war«, wenn er die ständige Wiederkehr von allem »Es war« will. Der Wille ist erlöst vom Widerwillen, wenn er die ständige Wiederkehr des Gleichen will. So will der Wille die Ewigkeit des Gewollten. Der Wille will die Ewigkeit seiner selbst. Wille ist Ursein. Das höchste Produkt des Urseins ist die Ewigkeit. Das Ursein des Seienden ist der Wille als das ewig wiederkehrende Wollen der ewigen Wiederkehr des Gleichen. Die ewige Wiederkehr des Gleichen ist der höchste Triumph der Metaphysik des Willens, der ewig sein Wollen selbst will. Die Erlösung von der Rache ist der Übergang vom Widerwillen des Willens gegen die Zeit und ihr »Es war« zum Willen, der ewig die Wiederkehr des Gleichen will und in diesem Wollen sich selbst als den Grund seiner selbst. Die Erlösung von der Rache ist der Übergang zum Ursein alles Seienden.

Hier wird eine Zwischenbemerkung nötig, die freilich

eine bloße Bemerkung bleiben muß. Als Wille der ewigen Wiederkehr des Gleichen kann der Wille zurückwollen. Denn er trifft hier nie auf ein festliegendes Vergangenes, das er nicht mehr wollen könnte. Der Wille der ewigen Wiederkehr des Gleichen befreit das Wollen von der Möglichkeit, auf Widriges zu stoßen. Denn der Wille der ewigen Wiederkehr des Gleichen will im vorhinein und im Ganzen das Zurück, das heißt die Rück- und Wiederkehr. Die christliche Glaubenslehre kennt eine andere Weise, in der das »Es war« zurückgewollt werden kann, das ist die Reue. Aber diese Reue trägt nur soweit, wie sie tragen soll, zur Erlösung vom »Es war«, wenn sie als Reue im Wesenszusammenhang mit der Vergebung der Sünde bleibt und somit überhaupt und zum voraus auf die Sünde bezogen ist. Sünde aber ist etwas wesentlich anderes als eine moralische Verfehlung. Sünde gibt es nur im Bereich des Glaubens. Sünde ist der Unglaube, der Aufstand gegen Gott als den Erlöser. Wenn die Reue im Verein mit der Sündenvergebung und nur so das Vergangene zurückwollen kann, bleibt auch dieses Zurückwollen der Reue, vom Denken her vorgestellt, metaphysisch bestimmt und ist nur so möglich, d.h. durch den Bezug auf den ewigen Willen des erlösenden Gottes. Daß jedoch Nietzsche den christlichen Weg der Reue nicht geht, hängt mit seiner Auslegung der Christlichkeit und des Christentums zusammen. Diese aber gründet in seiner Auffassung von der Rache und ihrer Tragweite für alles Vorstellen. Nietzsches Auslegung der Rache jedoch gründet darin, daß alles aus dem Bezug zum Sein als Wille gedacht ist.

Die Erlösung von der Rache ist die Brücke, über die der Hinübergehende geht. Wohin geht der Hinübergehende?

Er geht auf das zu, was keinen Raum mehr läßt für die Rache als den Widerwillen gegen das nur Vergehende. Der Hinübergehende geht auf den Willen zu, der die ewige Widerkehr des Gleichen will, auf den Willen, der als dieser Wille das Ursein alles Seienden ist.

Der Übermensch geht über den bisherigen Menschen hinaus, indem er in den Bezug zum Sein eingeht, das als Wille der ewigen Wiederkehr des Gleichen ewig sich selber will und nichts außerdem. Der Übermensch geht auf die ewige Wiederkehr des Gleichen zu, und zwar deshalb, weil sein Wesen von daher stammt. Nietzsche prägt das Wesen des Übermenschen in die Gestalt des Zarathustra. Wer ist Zarathustra? Er ist der Lehrer der ewigen Wiederkehr des Gleichen. Die Metaphysik des Seins des Seienden im Sinne der ewigen Wiederkehr des Gleichen ist der tragende Grund des Buches »Also sprach Zarathustra«. Schon in den frühen Entwürfen zum IV. Teil und Abschluß des Werkes aus dem Jahre 1883 sagt Nietzsche es klar (XII, 400 f., vgl. 397): »Zarathustra verkündet die Lehre der Wiederkunft.« »Zarathustra erzählt *aus dem Glück des Übermenschen heraus das Geheimnis*, daß alles wiederkehrt.«

Zarathustra lehrt die Lehre vom Übermenschen, weil er der Lehrer der ewigen Wiederkunft des Gleichen ist. Zarathustra lehrt beide Lehren »zugleich« (XII,401), denn sie gehören in ihrem Wesen zusammen. Weshalb gehören sie zusammen? Nicht weil sie diese besonderen Lehren sind, sondern weil in diesen beiden Lehren das zugleich gedacht ist, was anfänglich zusammengehört und deshalb unumgehbar zusammengedacht wird, das Sein des Seienden und sein Bezug zum Wesen des Menschen.

Dieses aber, nämlich der Bezug des Seins zum Menschenwesen als Beziehung dieses Wesens zum Sein ist hinsichtlich seines Wesens und seiner Wesensherkunft noch nicht bedacht. Deshalb vermögen wir dies alles auch noch nicht zureichend und gemäß zu benennen. Aber weil die Beziehung von Sein und Menschenwesen alles trägt, insofern sie das Erscheinen des Seins sowohl wie das Wesen des Menschen zum Austrag bringt, deshalb muß diese Beziehung schon am Anfang der abendländischen Metaphysik zur Sprache kommen. Sie ist genannt in den Hauptsätzen, die Parmenides und Heraklit sagen. Was sie sagen, steht nicht nur am Anfang, sondern es ist der Anfang des abendländischen Denkens selber, der Anfang, den wir immer noch allzu unbefangen, allzu unangefangen, nur historisch vorstellen.

In den Bezug des Seins zum Menschenwesen müssen wir Nietzsches Lehre von der ewigen Wiederkehr des Gleichen und vom Übermenschen zurückdenken, um beide Lehren aus ihrem einheitlichen fragwürdigen Grunde bedenken zu können. Erst von hier aus ermessen wir ganz, was es heißt, daß Nietzsches Auslegung des Wesens der Rache metaphysisch sei. Das Wesen der Rache als Wille und als Widerwille gegen das Vergehen ist vom Willen als dem Ursein her gedacht, vom Willen, der sich als die ewige Wiederkehr des Gleichen ewig selbst will. Dieser Gedanke trägt und bestimmt die innere Bewegung des Werkes »Also sprach Zarathustra«. Es bewegt sich im Stil der ständig wachsenden Zögerung und Verzögerung. Dieser Stil ist kein literarisches Instrument; er ist nichts geringeres als der Bezug des Denkers zum Sein des Seienden, das zur Sprache kommen muß. Nietzsche dachte bereits den Gedanken der ewigen Wiederkehr des Gleichen, als er sein 1882 erschienenes Buch »Die fröhliche Wissenschaft« schrieb. Im vorletzten Stück n. 341 »Das größte Schwergewicht« ist der Gedanke zum erstenmal ausgesprochen; das letzte Stück »Incipit tragoedia« enthält bereits den Beginn des im folgenden Jahr erscheinenden ersten Teils von »Also sprach Zarathustra«. In diesem Buch aber wird der tragende Gedanke erst im III. Teil gesagt, nicht als ob Nietzsche diesen Gedanken bei der Niederschrift des I. und II. Teils noch nicht gedacht hätte. Der Gedanke der ewigen Wiederkehr des Gleichen wird im III. Teil sogleich am Beginn im 2. Stück genannt, das mit guten Gründen überschrieben ist: »Vom Gesicht und Rätsel«. Der voraufgegangene II. Teil aber hatte geschlossen mit dem Stück »Die stillste Stunde«, wo es heißt: »Da sprach es wieder ohne Stimme zu mir: ‘Was liegt an dir, Zarathustra! Sprich dein Wort und zerbrich!’«. Der Gedanke der ewigen Wiederkehr des Gleichen ist Nietzsches schwerster Gedanke in einem doppelten Sinne; er ist am schwierigsten zu denken und er hat das größte Schwergewicht. Er ist am schwersten zu ertragen. Wenn wir uns darum nach jeder Hinsicht hüten, diesen schwersten Gedanken Nietzsches im geringsten zu leicht zu nehmen, so werden wir doch fragen: bringt der Gedanke der ewigen Wiederkehr des Gleichen, bringt diese selbst die Erlösung von der Rache?

Eine Aufzeichnung, die nach der Handschrift aus dem Jahre 1885, spätestens Anfang 1886, stammt, trägt den unterstrichenen Titel *»Recapitulation«*. Diese wiederholende Zusammenfassung der Metaphysik Nietzsches steht im »Willen zur Macht« als n. 617. Hier heißt es: »Daß *Alles wiederkehrt*, ist die extremste *Annäherung einer Welt des Werdens an die des Seins: – Gipfel der Betrachtung.*«

Aber dieser Gipfel ragt nicht in klaren und festen Umrissen in die Helle des durchsichtigen Äthers. Dieser Gipfel bleibt in schwere Wolken gehüllt – nicht nur für uns, sondern für Nietzsches eigenes Denken. Die Gründe dafür liegen nicht in einem Unvermögen Nietzsches, wenngleich er bei den verschiedenen Versuchen, die ewige Wiederkehr des Gleichen als das Sein alles Werdens nachzuweisen, auf seltsame Abwege getrieben wurde. Die Sache selbst, die mit dem Titel »Die ewige Wiederkehr des Gleichen« genannt wird, ist in ein Dunkel gehüllt, vor dem sogar Nietzsche zurückschrecken mußte. In den frühesten Vorarbeiten zum IV. Teil von »Also sprach Zarathustra« findet sich die Aufzeichnung, die in Wahrheit das Leitwort für die Art der Schriften enthält, die Nietzsche selbst nach dem Zarathustra noch veröffentlicht hat.

Hier heißt es: »Wir schufen den schwersten Gedanken, – *nun laßt uns das Wesen schaffen*, dem er leicht und selig ist! ... Die Zukunft feiern, nicht die Vergangenheit. Den Mythus der Zukunft dichten! In der Hoffnung leben! Selige Augenblicke! Und dann wieder den Vorhang zuhängen und *die Gedanken zu festen, nächsten Zielen wenden!*« (XII,400)

Der Gedanke der ewigen Wiederkehr des Gleichen bleibt verhangen – nicht nur durch einen Vorhang. Aber das Dunkle dieses letzten Gedankens der abendländischen Metaphysik darf uns nicht dazu verleiten, durch Ausflüchte ihm auszuweichen. Der Ausflüchte gibt es im Grunde nur zwei: entweder sagt man, dieser Gedanke Nietzsches von der ewigen Wiederkehr des Gleichen sei eine Art Mystik und gehöre nicht vor das Denken. Oder man sagt: dieser Gedanke ist schon uralt und läuft auf die zyklische Vorstellung von der Welt hinaus, die sich unter anderem in den

Fragmenten des Heraklit nachweisen läßt. Diese zweite Auskunft sagt, wie alle Auskünfte ihrer Art, überhaupt nichts. Denn was soll dies helfen, wenn man von einem Gedanken feststellt, daß er »schon« bei Leibniz und sogar »schon« bei Platon sich findet, wenn man das von Leibniz und von Platon Gedachte in der selben Dunkelheit stehen läßt wie den Gedanken, den man durch solche Verweisungen für geklärt hält!

Was jedoch die erste Ausflucht angeht, nach der Nietzsches Gedanke von der ewigen Wiederkehr des Gleichen eine phantastische Mystik sei, so würde die kommende Zeit wohl, wenn das Wesen der modernen Technik ans Licht kommt, das heißt: die ständig rotierende Wiederkehr des Gleichen, den Menschen darüber belehrt haben, daß die wesentlichen Gedanken der Denker dadurch nichts von ihrer Wahrheit verlieren, daß man es unterläßt, sie zu denken.

Im Gedanken der ewigen Wiederkehr des Gleichen denkt Nietzsche das, wovon Schelling sagt, daß alle Philosophie dahin strebe, nämlich für das Ursein als Wille den höchsten Ausdruck zu finden. Eines freilich bleibt für jeden Denker zu bedenken. An Nietzsches Versuch, das Sein des Seienden zu denken, wird uns Heutigen in einer fast aufdringlichen Weise deutlich, daß alles Denken, d. h. der Bezug zum Sein, schwierig bleibt. Aristoteles kennzeichnet dieses Mühsame in folgender Weise (1. Kap. des II. Buches der Metaphysik): ὥσπερ γὰρ τὰ τῶν νυκτερίδων ὄμματα πρὸς τὸ φέγγος ἔχει τὸ μεθ' ἡμέραν, οὕτω καὶ τῆς ἡμετέρας ψυχῆς ὁ νοῦς πρὸς τὰ τῇ φύσει φανερώτατα πάντων (993 b, 9–11). »Wie nämlich die Augen der Nachtvögel sich zum scheinenden Licht des Tages verhalten, so auch verhält sich das Vernehmen, das unserem Wesen eignet, zu dem, was von sich her – seinem Anwesen nach – das Scheinendste von allem ist« (nämlich das Anwesen selber alles Anwesenden). Das Sein des Seienden ist das Scheinendste; und doch sehen wir es gewöhnlich überhaupt nicht – und wenn, dann nur mit Mühe.

Nachwort

Am 18. November 1951 schrieb Martin Heidegger, nicht ohne eine gewisse Feierlichkeit, an Hans-Georg Gadamer (1900–2002): »Vorigen Freitag habe ich wieder – fast auf den Tag genau seit 7 Jahren – meine erste Vorlesung gehalten. Mir war etwas bang, ob ich noch einen Anschluß fände. Aber es ging.«[1]

Um den Vorlesungszyklus *Was heißt Denken?* in das Leben und das philosophische Gesamtwerk Heideggers richtig einordnen zu können, muss man sich vergegenwärtigen, was es mit der besagten Unterbrechung seiner Lehrtätigkeit auf sich hatte. Nach der zweiten Vorlesungsstunde des Wintersemesters 1944/45, die am 9. November 1944 im Hörsaal 90 der Freiburger Universität vor immerhin 150 Hörern stattfand – eine angesichts der vielen an die letzten Fronten des Zweiten Weltkriegs abkommandierten Studenten erstaunliche Zahl –, wurde Heidegger zum Volkssturm eingezogen. Nach seiner Rückkehr von Schanzarbeiten im Elsass war der Vorlesungsbetrieb in Freiburg wegen der ständig drohenden Bombenangriffe faktisch eingestellt worden, und auf der Burg Wildenstein im oberen Donautal, wohin die Philosophische Fakultät für das Sommersemester 1945 auswich, bot Heidegger lediglich einige Übungen für Studenten an.

Nach Kriegsende aber wurden in Baden unter der französischen Militärregierung die verschiedenen Maßnah-

1 Hans-Georg Gadamer / Martin Heidegger, *Briefwechsel 1922–1976 und andere Dokumente*, aus den Nachlässen hrsg. und kommentiert von Jean Grondin und Mark Michalski, Frankfurt a. M.: Klostermann / Tübingen: Mohr Siebeck, 2024, S. 118.

men zur Entnazifizierung eingeleitet, in deren Folge Heidegger aufgrund des kurz nach der Machtergreifung der Nationalsozialisten von ihm übernommenen und zwölf Monate lang innegehabten Rektorats am 28. September 1945 für »disponibel« erklärt und am 28. Dezember 1946 durch Verbot von der Lehre und jeder anderen Tätigkeit an der Universität ausgeschlossen wurde.[2] So eröffnete sich für ihn erst im Zuge der im Frühjahr 1949 von verschiedenen Seiten in Gang gesetzten Bemühungen um seine formale Rehabilitierung und, konkret, mit seiner am 28. Juni 1950 rückwirkend zum 1. April 1950 von der badischen Landesregierung gewährten und mit einem »Lehrauftrag« verbundenen Pensionierung die Möglichkeit, wieder eine universitäre Vorlesungstätigkeit aufzunehmen.

Doch der Philosoph war zwiegespalten. Die deutsche Universität, der er seinen sozialen Aufstieg aus ländlich-

2 Die Debatte um das Thema »Heidegger und der Nationalsozialismus« wurde seit Kriegsende geführt und dauert, nach mehreren Wellen zwischenzeitlicher Zuspitzung, bis heute an. Seit 2014, dem Beginn des Erscheinens der sogenannten »Schwarzen Hefte« im Rahmen der Martin-Heidegger-Gesamtausgabe (bei Klostermann in Frankfurt a. M.), wird auch das Thema »Heidegger und der Antisemitismus« stark debattiert. Aus der unübersehbar gewordenen Literatur seien exemplarisch die folgenden von Alfred Denker und Holger Zaborowski herausgegebenen Bände des bei Alber in Freiburg und München erscheinenden Heidegger-Jahrbuchs genannt: *Heidegger und der Nationalsozialismus I. Dokumente*, Bd. 4, 2009; *Heidegger und der Nationalsozialismus II. Interpretationen*, Bd. 5, 2009; *Zur Hermeneutik der »Schwarzen Hefte«*, Bd. 11, 2017; *Jenseits von Polemik und Apologie. Die »Schwarzen Hefte« in der Diskussion*, Bd. 12, 2020.

kleinbürgerlichen Verhältnissen verdankte; der er seit 1915 als Privatdozent in Freiburg, seit 1923 als Ordinarius ad personam in Marburg und seit 1928 als Inhaber des renommierten, zuvor von seinen Lehrern Heinrich Rickert (1863–1936) und Edmund Husserl (1859–1938) besetzten Freiburger Lehrstuhls für Philosophie I angehört und als Lehrer, mit stets neu entworfenen und genau ausgearbeiteten Vorlesungen, sein Bestes gegeben hatte; der er lange eine zentrale Funktion für eine von der Philosophie ausgehende geistige Erneuerung Deutschlands und ganz Europas zugetraut hatte, wenn nur zuvor Philosophie, Wissenschaft und Universität selbst sich erneuerten im Sinne eines im Denken des Seins gegründeten Wissens um das Seiende – diese deutsche Universität erschien ihm schon seit Jahren nurmehr als bloße Erscheinungsweise des Wesens der modernen Technik, unwiderruflich dazu verdammt, zu einer nur noch berufsausbildenden Fachschule herabzusinken; und diese deutsche Universität – so jedenfalls sah es Heidegger selbst – hatte gerade ihn, einen der wenigen, die sich um das Denken des Seins bemühten, aus sich ausgestoßen und zum unwürdigen Gegenstand inner- und außeruniversitärer Machenschaften herabgesetzt.

So saßen die Enttäuschung und der Zweifel am Sinn einer Rückkehr in die universitäre Lehre tief. Auch war da – wie die eingangs zitierten Worte aus seinem Brief an Gadamer verraten – eine Bangigkeit bezüglich der Möglichkeit eines Anschlusses an das, was im Jahr 1944 unterbrochen worden war. Denn im Jahr 1950 waren die Hörer andere und war Heidegger ein anderer als sechs Jahre zuvor, so dass auch das Verhältnis zwischen Heidegger und seinen

Hörern ein ganz anderes sein würde. Die Hörer wären nicht mehr solche, die mehrere Semester hindurch die strenge Schule der stets textzentrierten Seminare Heideggers mitgemacht hätten. Dieser selbst hatte, nachdem schon durch den Kriegsbeginn seine Sorge in verstärktem Maße auf die große Masse seiner noch unveröffentlichten Manuskripte gelenkt worden war, nach Kriegsende angesichts der nun verminderten Gelegenheit, durch das gesprochene Wort zu wirken, seine ganze Konzentration auf das schriftliche Wort gewendet, und dies in zwiefacher Richtung:

Erstens sollten die noch unveröffentlichten Manuskripte von Vorträgen und Vorlesungen, Aufsätzen und Abhandlungen geordnet, mit der Maschine abgeschrieben, bearbeitet und in gut überlegter Auswahl und Reihenfolge sowie in sinnvoller Kombination mit neuen, teilweise um neue Texte erweiterten Auflagen inzwischen vergriffener Schriften publiziert werden, um den Weg, den Heideggers Denken des Seins von der fundamentalontologischen Ansetzung der Seinsfrage in *Sein und Zeit* (1927) zur seinsgeschichtlichen Ansetzung derselben Frage inzwischen gegangen war, vor einer weiteren Öffentlichkeit wenigstens anzudeuten. Diesem Zweck diente etwa die 1947 im Berner Francke Verlag veranstaltete Neuausgabe des zuerst 1942 in einem Jahrbuch erschienenen, aber damals aufgrund einer Anweisung des Propagandaministeriums nirgends rezensierten oder auch nur erwähnten Vortrags über *Platons Lehre von der Wahrheit*. Darin deutete Heidegger den in Platons Ideenlehre sich vollziehenden Wandel des Wesens der Wahrheit von der Unverborgenheit des Seienden zur Richtigkeit der Aussage als den Beginn der seinsgeschichtlichen Epoche der »Metaphysik«, die im Denken Nietzsches zu ihrer Vollendung komme. Angehängt war dieser Neuausgabe der Ende 1946 an Jean Beaufret (1907–1982) gerichtete Brief *Über den »Humanismus«*, in dem Heidegger in einem ausführlichen Rückblick auf die von ihm vollzogene »Kehre« den Zusammenhang zwischen »Humanismus« und »Metaphysik« erläuterte und seine eigene Frage nach der Existenz des Menschen vom »Existenzialismus« Jean-Paul Sartres (1905–1980) abgrenzte. Gerade in Frankreich wurde Heidegger jetzt verstärkt rezipiert – auch darum musste er sich kümmern.

Die zweite Richtung, in der Heidegger sich nach Kriegsende auf das schriftliche Wort konzentrierte, waren seine Versuche, auf der Basis seines nun gewonnenen besseren Überblicks über das bis dahin von ihm Geschriebene in einigen zentralen Fragen seines seinsgeschichtlichen Ansatzes – so in den Fragen nach der Technik und nach der Sprache – denkerisch voranzukommen und gleichzeitig zu einer sprachlich einfacheren Form zu gelangen. Dabei fand er in den Jahren 1949–50 im Club zu Bremen, im Kurhaus auf der Bühlerhöhe bei Baden-Baden und in der Bayerischen Akademie der Schönen Künste in München außeruniversitäre Foren, die es ihm erlaubten, seine später nach jeweils mehrfachen Überarbeitungen unter den Titeln *Das Ding* (1951/54), *Die Frage nach der Technik* (1954) und *Die Sprache* (1959) veröffentlichten Texte vor kleineren und größeren Auditorien zu erproben.

Freilich zeigten der enorme Andrang und das laute, durch den Stadtrat und die Presse hallende Echo in München zugleich, dass sich die äußeren Bedingungen, unter denen Heidegger nun wieder öffentlich auftreten konnte, im Vergleich zu seinem früheren Dasein als Ordinarius radikal geändert hatten: Seine lange Abwesenheit in den Vorlesungs- und Vortragssälen; die auch publizistisch geführte Diskussion über seinen Einsatz für den Nationalsozialismus; die letzten Publikationen, die den Eindruck vermittelten, dass der Philosoph noch mit so manchem herauszurücken hatte; sein steigender Ruhm im Ausland – all dies erzeugte eine Neugier und, ja, eine Sensationslust, die in einem umgekehrten Verhältnis zu der Bereitschaft stand, sich ernsthaft auf sein Denken einzulassen.

Dass Heidegger nicht schon für das Wintersemester 1950/51 und das Sommersemester 1951 wieder Lehrveranstaltungen an der Universität ankündigte, hatte schließlich auch noch einen juristischen Grund: Er teilte nicht die Auffassung des Ministeriums und der Universitätsgremien, das einst über ihn verhängte Lehrverbot sei mit einer Entlassung gleichzusetzen, so dass nun die Pensionierung ausdrücklich mit einem »Lehrauftrag« verbunden werden müsse, um ihm den sofortigen Wiedereinstieg in die Lehre zu ermöglichen. So begnügte er sich vorerst mit *Übungen im Lesen*, die er alle 14 Tage privatissime – für einen ausgewählten kleinen Kreis jüngerer Studenten in seinem Haus am Zähringer Rötebuckweg – durchführte, als »Experiment« sozusagen.

Erst als pünktlich zur Vollendung seines 62. Lebensjahres am 26. September 1951 seine Emeritierung ausgesprochen und somit seine volle Zugehörigkeit zum Lehrkörper der Philosophischen Fakultät bestätigt wurde, entschloss er sich dazu, dem großen Erwartungsdruck, der sich an der Universität aufgebaut hatte, nachzugeben. Die Zeit zur Vorbereitung, zu der er sich in der zweiten Oktoberhälfte in seine Heimatstadt Meßkirch zurückzog, war allerdings kurz.

Fragt man, warum Heidegger für die Vorlesung, die er einstündig an jedem Freitag von 17 bis 18 Uhr halten wollte, den Titel *Was heißt Denken?* wählte, so kann man sich zunächst an seine am 24. Juli 1929 gehaltene Freiburger Antrittsvorlesung *Was ist Metaphysik?*[3] erinnert fühlen: Heidegger trat gewissermaßen zum zweiten Mal an der Universität Freiburg an; und er tat dies als Philosoph, der nicht über Philosophie berichtete, sondern philosophische Fragen stellte und diese, seine Hörer in den Gang des Fragens mit hereinziehend, Schritt für Schritt ausarbeitete; und wie im Jahr 1929 der Titel »Metaphysik« nicht für eine bestimmte Disziplin der Philosophie gestanden hatte, sondern für das Ganze des Philosophierens, so stand im Jahr 1951 der Titel »Denken« nicht für das, was in der traditionellen Logik thematisiert wurde, sondern wiederum für das Ganze des Philosophierens, diesmal freilich eines Philosophierens, das sich vom »metaphysischen« Denken im Sinne der von Platon bis zu Nietzsche reichenden seinsgeschichtlichen Epoche dezidiert absetzte als ein anderes, im Gespräch mit dem Dichten sich vollziehendes Denken, ein Denken zumal, das – als Gedächtnis, Andenken und Dank – uns Menschen nicht so sehr schon gegeben als vielmehr erst noch aufgegeben ist. Man geht deshalb auch kaum fehl, wenn man die Vorlesung *Was heißt Denken?* in die Tradition der Logik-Vorlesungen Heideggers stellt, in denen es stets darum ging, die klassische Lehre von den Be-

3 Martin Heidegger, *Was ist Metaphysik?*, Frankfurt a. M.: Klostermann, [16]2007.

griffen, Urteilen und Schlüssen durch ein aus der Seinsfrage erwachsendes Fragen nach der Wahrheit und der Sprache zu destruieren.[4]

Blickt man auf die beiden einzigen später noch von Heidegger in Angriff genommenen Freiburger Vorlesungsprojekte – die Vorlesung *Der Satz vom Grund* im Wintersemester 1955/56 (realisiert)[5] und die Vorlesung *Der Satz der Identität* im Wintersemester 1956/57 (diese nicht realisiert bzw. ersetzt durch den Festvortrag gleichen Titels zum fünfhundertjährigen Jubiläum der Universität Freiburg am 27. Juni 1957)[6] –, so kann man der Vorlesung *Was heißt Denken?* sogar eine programmatische Funktion für die ganze universitäre Lehrtätigkeit des Emeritus zuerkennen, ging es doch bei den Sätzen vom Grund und der Identität um

4 Martin Heidegger, *Logik. Die Frage nach der Wahrheit*, Marburger Vorlesung WS 1925/26, Gesamtausgabe Bd. 21, Frankfurt a. M.: Klostermann, ²1995; *Metaphysische Anfangsgründe der Logik im Ausgang von Leibniz*, Marburger Vorlesung SS 1928, Gesamtausgabe Bd. 26, Frankfurt a. M.: Klostermann, ³2007; *Logik als die Frage nach dem Wesen der Sprache*, Freiburger Vorlesung SS 1934, Gesamtausgabe Bd. 38A, Frankfurt a. M.: Klostermann, 2020; *Grundfragen der Philosophie. Ausgewählte »Probleme« der »Logik«*, Freiburger Vorlesung WS 1937/38, Frankfurt a. M.: Klostermann, ²1992; *Logik. Heraklits Lehre vom Logos*, Freiburger Vorlesung SS 1944, in: *Heraklit*, Gesamtausgabe Bd. 55, Frankfurt a. M.: Klostermann, ³1994, S. 183–402.

5 Martin Heidegger, *Der Satz vom Grund*, Kleine Schriften Bd. 3, Stuttgart: Klett-Cotta, 2022.

6 Martin Heidegger, *Der Satz der Identität*, in: Kleine Schriften Bd. 1, Stuttgart: Klett-Cotta, 2022. Dass Heidegger im Wintersemester 1956/57 eine Vorlesung gleichen Titels halten wollte, geht aus der Ankündigung im Vorlesungsverzeichnis der Universität Freiburg und aus manchen Briefen hervor.

Grundsätze *des Denkens*, wiederum freilich im Sinne der an der Seinsfrage orientierten Destruktion der aus der Tradition bekannten logischen Prinzipien.

Vielleicht aber kann man den Grund für das von Heidegger gewählte Vorlesungsthema noch genauer angeben: Kehren wir dazu noch einmal zu seinem Brief an Gadamer vom 18. November 1951 zurück und lesen das Wort »Anschluß« in einem ganz engen Sinne. Wollte der Emeritus etwa nicht nur seinen Wiederantritt an der Freiburger Universität bekräftigen, sondern darüber hinaus auch thematisch an eben jene Vorlesung des Wintersemesters 1944/45 »anschließen«, die genau sieben Jahre zuvor durch die Kriegsereignisse unterbrochen und wegen der Nachkriegsereignisse niemals vollendet worden war?

Tatsächlich hat Heidegger auf dem Titelblatt des unvollendeten Manuskripts der Vorlesung, die unter dem Titel *Einleitung in die Philosophie (Denken und Dichten)* angekündigt worden war, einen Hinweis auf die spätere Vorlesung *Was heißt Denken?* hinterlassen und festgelegt, dass jenes Fragment – »wegen des thematischen Bezuges« – zusammen mit dem Vorlesungsmanuskript *Nietzsches Metaphysik* im Band 50 der Gesamtausgabe veröffentlicht werden sollte.[7]

Damit erhellt sich auch schlaglichtartig, warum die Vorlesung des Wintersemesters 1951/52 ab der fünften Stunde zugleich eine Nietzsche-Vorlesung war. Heidegger hatte in den Jahren 1936–40 vier Nietzsche-Vorlesungen gehalten und darin das Denken Nietzsches auf dessen Metaphysik

7 Martin Heidegger, *Nietzsches Metaphysik. Einleitung in die Philosophie (Denken und Dichten)*, Gesamtausgabe Bd. 50, Frankfurt a. M.: Klostermann, [2]2007, S. 89 und 162.

hin und diese, wie oben bereits angedeutet, als die Vollendung der mit Platon beginnenden abendländischen Metaphysik ausgelegt.[8] Im Wintersemester 1944/45 war demgegenüber das Schwergewicht in der Weise verschoben worden, dass es nun darum ging, durch das Denken der wesentlichen Gedanken Nietzsches und des in ihnen Ungedachten überhaupt zum »eigentlichen Denken« anzuleiten und so in die Philosophie überhaupt einzuführen. Eben dieses damals auf nicht einmal halbem Weg liegengebliebene Projekt war es, das nun sieben Jahre später wieder aufgenommen wurde. Vielleicht hatte auch das inzwischen aufgenommene Gespräch mit Friedrich Georg Jünger (1898–1977) zu Heideggers Absicht beigetragen, noch einmal genauer der inneren Einheit von Nietzsches Gedanken des »Willens zur Macht« und der »ewigen Wiederkunft des Gleichen« nachzudenken.[9]

Obwohl die Vorlesung wegen ihrer sehr kurzfristigen Ansetzung im gedruckten Vorlesungsverzeichnis nicht mehr hatte angekündigt werden können, war der Zulauf gewaltig: Heidegger sprach vor rund 1200 Hörern, eine Zahl, die nur dadurch möglich geworden war, dass das von ihm Gesprochene aus dem überfüllten Auditorium Maximum durch Lautsprecher in zwei weitere Hörsäle übertragen wurde.[10]

8 Martin Heidegger, *Nietzsche I/II*, Pfullingen: Neske, 1961; 7. Aufl. Stuttgart: Klett-Cotta, 2007.

9 Friedrich Georg Jünger, *Nietzsche*, Frankfurt a. M.: Klostermann, 1949; 3. Aufl. 2013; Martin Heidegger, *Wer ist Nietzsches Zarathustra?*, in: *Vorträge und Aufsätze*, Pfullingen: Neske, 1954, S. 101–126.

10 Martin Heidegger an Hannah Arendt, 14. Dezember 1951, in: Hannah Arendt / Martin Heidegger, *Briefe 1925 bis 1975 und andere*

Er scheint sich damals einer gewissen Genugtuung über solche Publizität, die er sonst eher geringschätzig zu kommentieren pflegte, nicht gänzlich zu erwehren vermocht zu haben. Dies wird auch durch die Tatsache nahegelegt, dass er den etwas erweiterten Text der ersten Vorlesungsstunde im Frühjahr 1952 noch einmal für eine Ausstrahlung durch den Bayerischen Rundfunk las und kurz danach auch in der bekannten Monatszeitschrift *Merkur* veröffentlichte.[11]

Mit dem Durchhaltevermögen und der Aufmerksamkeit der ihm lauschenden Massen war er zufrieden, geriet aber im Laufe des Semesters doch ins »Schwimmen«,[12] was nach seinem Sprachgebrauch bedeutete, dass das in Meßkirch vorbereitete Manuskript aufgrund dann sich zeigender unzureichender Voraussetzungen der Hörer in starkem Umfang durch jeweils frisch verfasste »Stundenübergänge« ergänzt werden musste, in denen manches wiederholt und verdeutlicht und aufgekommene Fragen beantwortet wurden.

Im Sommersemester 1952 setzte Heidegger die – nunmehr auch im gedruckten Verzeichnis angekündigte – Vorlesung fort, wobei die Rolle Nietzsches nun Parmenides übernahm. In der Auslegung eines Fragments des Eleaten verdeutlichte sich schließlich, was Denken heißt: Wir Menschen sind geheißen, an die Herkunft des Unterschiedes zwischen Sein und Seiendem zu denken.

Zeugnisse, aus den Nachlässen hrsg. von Ursula Ludz, Frankfurt a. M.: Klostermann, 1998, S. 132.

11 Martin Heidegger, *Was heißt Denken?*, in: *Merkur*, VI. Jahrgang, H. 7, Juli 1952, S. 601–611; wiederabgedruckt in: *Vorträge und Aufsätze*, S. 129–143.

12 Martin Heidegger an Hannah Arendt, 17. Februar 1952, in: Arendt/Heidegger, *Briefe*, S. 134.

Zunächst beabsichtigte Heidegger eine Veröffentlichung des gesamten Textes noch im selben Jahr, zumal viele studentische Nachschriften unkontrolliert kursierten und gehandelt wurden. Dann aber entschloss er sich aus didaktischen Gründen, der Öffentlichkeit zusammen mit einer neu durchgesehenen Auflage von *Sein und Zeit* im Jahr 1953 zunächst die im Sommersemester 1935 in Freiburg gelesene *Einführung in die Metaphysik* vorzulegen.[13]

So erschien *Was heißt Denken?* als Buch zum ersten Mal im Mai 1954 bei Max Niemeyer in Tübingen.[14] Die vorliegende Reclam-Ausgabe, die den im Wintersemester 1951/52 vorgetragenen ersten Teil der Vorlesung ohne die »Stundenübergänge« enthält, folgt dem Text der 1984 bei Niemeyer erschienenen 4. Auflage, der bereits für den 1992 erfolgten ersten Druck bei Reclam von Heinrich Hüni durchgesehen und von kleinen Versehen befreit worden war. Die römischen Ziffern bezeichnen die Gliederung des Textes in Vorlesungsstunden.

13 Martin Heidegger, *Sein und Zeit*, Tübingen: Niemeyer, ^{7}1953; 19. Aufl. Berlin: De Gruyter, 2006; *Einführung in die Metaphysik*, Tübingen: Niemeyer, 1953; 6. Aufl. Berlin: De Gruyter, 1998.

14 Die 5. Auflage erschien 1997 bei De Gruyter. – Als Band 8 der Gesamtausgabe (Frankfurt a. M.: Klostermann) wurde *Was heißt Denken?* 2002 von Paola-Ludovika Coriando herausgegeben. Diese Ausgabe enthält über die Niemeyer/De Gruyter-Ausgabe hinaus im Anhang einen bis dahin unveröffentlichten Textabschnitt aus der IX. Vorlesungsstunde des Wintersemesters 1951/52 und den als XII. (und letzte) Vorlesungsstunde des Sommersemesters 1952 verfassten, aber damals nicht vorgetragenen und erstmals in den *Hegel-Studien* 25, 1990, S. 23–34 veröffentlichten Text, ferner einige Randbemerkungen aus dem Handexemplar Heideggers.

In den 1960er Jahren stellte Heidegger mehrfach erstaunt fest, dass seine Schrift *Was heißt Denken?* am wenigsten beachtet und gelesen wurde – zu Unrecht, wie er fand, denn: »Sie macht den nach meiner Erfahrung nötigen Schritt des Denkens so deutlich wie keine andere meiner Schriften.«[15]

Mark Michalski

15 Martin Heidegger an Hans-Georg Gadamer, 28. Juli 1967, in: Gadamer/Heidegger, *Briefwechsel*, S. 203.

Inhalt